JN088175

不動産鑑定士・公認会計士・税理士

冨田 建 Tomita Ken

図解でわかる

土地・建物の税金と評価

日本実業出版社

はじめに

　この本では、あまり不動産の税金に馴染みのない一般の方にもご理解いただけるように、図解を豊富に交えるなど、「わかりやすさ」に最大限配慮して、序章〜第5章では、いろいろなケースごとの不動産の税金について説明をしています。

　さらに、具体的なイメージを持っていただければと考えて、第6章で、相続税や不動産売却の所得税等について「ある想定上の家族の物語」も記載してみました。

　また、ちょっとしたコラムも多めに掲載し、税金に関する豆知識も多く摂取いただけるような配慮もしてみました。

　この本の読み方としては、第1章から順に読んでいただいてもよいですが、読者の皆様の自由な読み方でよいとも思います。

　たとえば、読者の皆様の興味のある個所をつまみ食いしていただいても構いません。場合によっては、図だけをご覧いただいて、イメージしていただく形でもよいかと思います。

　あるいは、相続に関心がある場合は、第6章を先に読んでいただき、疑問に思った箇所について第3章や第6章を読み返してご理解いただくのもよいでしょう。

　一方で、内容についてはそれなりに自負していますので、ご自身の不動産関連の税について知識を欲している一般の方のほか、相続や不動産を扱う各種士業（弁護士、公認会計士、不動産鑑定士、税理士、司法書士、宅地建物取引士、土地家屋調査士）の方にも有用かと思います。

　この本の使い方も、ご自身で不動産関連の税につき理解されたい方の知識のタネとするほか、税理士でない士業や一般の方は、税理士法でご自身の税以外の個別具体的な税の話はできませんけれども、ちょっとした税の説明をしたい時に、この本の該当箇所を「見てください」と言うのも一つの活用法かと思います。

とにかく、肩ひじ張らず、「気楽なノリで不動産関連の税金を理解したい」方に手に取っていただきたいと思っています。

　なお、この本の執筆をしている旨の話をしたところ、野球観戦に一緒に行くなど普段から懇意にしていただいている相続税のプロ中のプロの入江康二税理士、大学の後輩で所得税や法人税等に強い佐藤幹雄税理士、そして、慶應義塾高校3年生の時に同じクラスで学んだ清水琢磨弁護士が、税務面からもしくは法務面から専門的に本書の内容を推敲してくださるという話になりました。お三方のアドバイスの結果、より質の高い本になったと思います。
　ご自身のことでもないのに快くアドバイスをくださられた各氏には御礼申し上げたいと思います。

　そして、読者の皆様のなにがしかのお役に立てていただければ、著者として大変うれしく思います。

　令和5年3月吉日
　　　　　　　　　　　不動産鑑定士・公認会計士・税理士　冨田　建

※本書の法規制・税制・その他の情報は、令和5年3月時点に得られた情報を前提としています。このため、その後の法規制・税制の改正やその他情報の変動等には対応していない点、ご注意ください。
※また、本書の内容は、法規制・税制・その他情報に基づく一般論や筆者の見解等を述べたものであり、筆者の意図と異なる齟齬が存在している場合や、個別具体的な案件にあてはめた際に本書の内容が該当しない場合もあり得ます。このため、著者及び出版社は本書の活用で生じた損害等については責任を負いかねる点、ご理解いただければと思います。
※読者の皆様には、この点につきご注意いただいた上で、実際の税務上の判断などについては、税理士等の専門家にご相談ください。

図解でわかる　土地・建物の税金と評価◎もくじ

はじめに

第2章 土地・建物を買ったときにかかる税金

第3章 相続・贈与で土地・建物をもらったときの税金

第4章 土地・建物を売ったときにかかる税金

第5章 土地・建物の売買に関する税金の注意点

Column

カバーデザイン／志岐デザイン事務所（古屋真樹）
本文DTP／一企画

序章

土地・建物にかかる税金

土地・建物に関連する税金には、その取引の形態によってさまざまなものがあります。
どのような税金があるのか、ざっとみておきましょう。

1 どんな税金がかかるのか

内容によって、さまざまな税金がかかってくる

　この本を手に取ってくださった方は、何らかの理由で土地や建物の税金について知りたいと思われている方でしょう。そこで、まずは「不動産にはどんな税金がかかってくるのか」について、ざっとご説明します（令和5年3月現在）。

① 所得税等

　不動産に関する所得税は、「売るなど、個人が不動産を他人に有償で譲渡し儲けがあったとき」「個人が不動産を貸していて、稼ぎがあるとき」「個人が法人から不動産をもらったとき」などにかかります。

　なお、所得税に連動して住民税・復興特別所得税もかかりますが、連動する税金ですのでこの本ではひとまとめにして「所得税等」と表現します。

② 法人税等

　不動産に関する法人税は、法人が「売るなど、不動産を他人に有償で譲渡し儲けがあったとき」と、「不動産を貸して稼ぎがある場合」「不動産をもらった場合」などにかかります。

　なお、法人税に連動して住民税・事業税もかかりますが、連動する税金ですのでこの本ではひとまとめにして「法人税等」と表現します。

　なお、宗教法人等の一部の法人等はこちらに該当する場合でも例外的に課税されないことがありますが、本書ではこのような特殊な場合は考慮外とし、通常の会社等の一般的な法人を想定する点をご理解いただければと思います。

③ 相続税

　被相続人（亡くなった人）から不動産を相続した場合、相続人（被相続人

から財産を受け継いだ人）には相続税がかかります。

④ 贈与税

　個人が個人へ不動産等を贈与、すなわち無償で譲り渡した場合は、所得税はかからず、その代わりに譲り受けた側に贈与税がかかります。

⑤ 固定資産税・都市計画税

　個人・法人を問わず不動産を所有している人には、原則として毎年、市町村（東京23区は都税事務所）から固定資産税や都市計画税が課されます。

⑥ 登録免許税

　個人・法人を問わず不動産に関する登記をした場合は、原則として登記の手数料としての登録免許税が課されます。

⑦ 不動産取得税

　個人・法人を問わず、不動産を取得した場合は、相続などの一定の例外を除き不動産取得税が課されます。

⑧ 印紙税

　不動産の売買契約などにおいて契約書を作成した場合には、印紙税が課されます。

⑨ 個人事業税

　個人が不動産経営をしている場合などに、個人事業税がかかる場合もあります。

　まずは、この本で扱う税金について「いろいろあるなぁ」という程度でご理解いただければと思います。

　その他、通常の財産等と同様に建物の売買時や事務所等の賃貸時に消費税

が課される場合がありますが、土地の売買や賃貸、住宅の賃貸については原則として消費税は課されません。

ただし、住宅用途であってもマイホーム分譲業者などの課税事業者から建物を購入する場合は、建物部分に消費税が課されます。

●土地・建物にかかる主な税金●

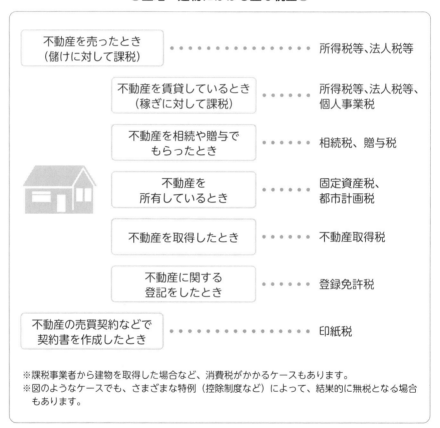

不動産を売ったとき
（儲けに対して課税） ・・・・・・・・・・・・・・・ 所得税等、法人税等

不動産を賃貸しているとき
（稼ぎに対して課税） ・・・・・・ 所得税等、法人税等、個人事業税

不動産を相続や贈与で
もらったとき ・・・・・・ 相続税、贈与税

不動産を
所有しているとき ・・・・・ 固定資産税、都市計画税

不動産を取得したとき ・・・・・ 不動産取得税

不動産に関する
登記をしたとき ・・・・・ 登録免許税

不動産の売買契約などで
契約書を作成したとき ・・・・・・・・・・・・・・・・・ 印紙税

※課税事業者から建物を取得した場合など、消費税がかかるケースもあります。
※図のようなケースでも、さまざまな特例（控除制度など）によって、結果的に無税となる場合もあります。

2 税金は誰が計算するのか

税額が通知されてくる場合と、納税者が計算する場合がある

　前項では、不動産に関する税金の種類について説明しました。そうなると、次のような疑問が生じるのではないでしょうか。

　「いろいろな税金があるのはわかったけど、税金の計算はどうするの?」

　一般の方は、そもそも不動産の税金とは無縁なことが多いので、ある日いきなり「税金の計算をしましょう」と言われても困るのではないでしょうか。

　でも、ご安心ください。いくつかの税金は、課税する側が計算してくれて、「あなたはこの額を払ってください」という通知を送ってくれます(賦課課税制度)。具体的には、固定資産税・都市計画税や不動産取得税がこれに該当します。

　しかし、所得税等や法人税等、相続税や贈与税、登録免許税は課税する側は計算してくれません。これらの税金は、納税者側で計算することになります(申告納税制度)。

　そうなると、こういう人が出てきます。「算数すら苦手なのに、ややこしそうな税金の計算なんができるわけがないでしょ!」

　でも、ご安心ください。有償にはなりますが、自分で税金の申告ができないときに頼める専門家がいます。そう、筆者もその1人である税理士です。

　ただし、登録免許税は登記の専門家である司法書士が計算することが大半です。

　まずは「所得税等、法人税等、相続税、贈与税、登録免許税」は納税者側で税額を計算して申告・納税するという点をご理解いただければよいでしょう。

◉税金には、2つの納税形態がある◉

①納税者側が自分で税額を計算して税務当局に申告し、その額を納税する形態

（申告納税制度という）

例
- 所得税等
- 相続税や贈与税
- 法人税等　　　　　　その他

納税者が自ら計算するか、自分で計算ができないもしくは面倒な場合は、税理士に申告を代理してもらう

②税務当局側が『あなたの税金はこの額ですよ』と通知してきて、これを払う形態

（賦課課税制度という）

例
- 固定資産税
- 都市計画税
- 不動産取得税　　　　その他

通知された額を払うが、ごくまれに税務当局が計算を誤っている場合がある点にも留意すべきである

※税務当局…税務署や各自治体の税務関連部署が該当する

◉必要な手順◉

不動産について、売買や相続等の何等かの経済行為をした場合は、申告納税制度の税金がかかるかどうかを判断する

申告納税制度の税金がかかる場合は、自ら申告するか、それとも税理士を雇うかを検討する

3 税の専門家、税理士とは

税理士法に規定された国家資格である税金の専門家

前項で、税金の申告ができないときに代わりに申告を頼める専門家である税理士がいると書きました。ここでは、改めて税理士について説明したいと思います。

税理士とは、税理士法に規定された、国家資格である税の専門家です。

すなわち、登録免許税のような一部の例外を除き、他人の税金に関する税務相談・税務代理・税務申告を独占的に行う専門家です。

言い換えれば、税理士以外の者は、登録免許税のような例外を除き、他人の税金に関する税務相談・税務代理・税務申告を行うことはできません。万が一、税理士以外の者がこれらの行為を行ったら、法を犯すことになるので逮捕されても文句は言えません。

なお、税理士になるには、以下の4つのコースがあります。

---

① 税理士試験に合格する（税理士試験に際し、一部の科目を大学院で一定の修士を得ることで免除できる場合もある）

② 国税庁で一定期間勤務する

③ 筆者がそうであるように公認会計士有資格者は税理士登録もできるので公認会計士有資格者が登録する

④ 弁護士有資格者も税理士登録ができるので登録する

　※弁護士の場合は、通知弁護士と言って、所属弁護士会を通じ国税局長に通知した管轄区域の範囲で税理士業務ができる場合もあります。

基本的には、他人の税金に関する業務を行うのは上記①～④に基づき税理士会に登録された税理士だけですが、例外的に税務業務ができる場合も提示しておきましょう。

① 成年後見人がその職務においてその成年被後見人のために申告等を行う場合
② 確定申告シーズンにおいて、過疎地等の役所の担当者等の一定の者が代理で税務書類の作成を行う場合

　ご自身で申告等をされる場合や登録免許税ような例外を除き、申告の代理の依頼や税金の相談する場合は、必ず税理士にと覚えておけばよいでしょう。

◉申告納税制度の場合◉

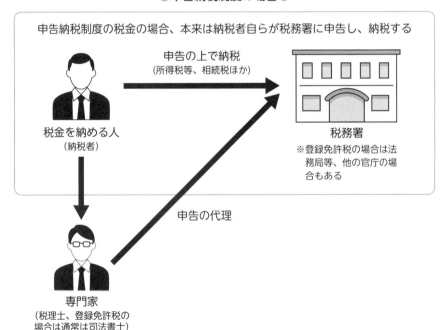

申告納税制度の税金の場合、本来は納税者自らが税務署に申告し、納税する

申告の上で納税
（所得税等、相続税ほか）

税金を納める人
（納税者）

税務署
※登録免許税の場合は法務局等、他の官庁の場合もある

申告の代理

専門家
（税理士、登録免許税の場合は通常は司法書士）

税金が巨額であったり計算が難解である、あるいは専門的知識により正しい納税をしたい場合は税の専門家である税理士に申告を依頼するのも一つの手である。
※登記の際の登録免許税は通常は司法書士が実務上は計算する

専門家である税理士(場合によってはさらに弁護士、司法書士等とも)と普段から連携しておくと、単に申告の代理のほか、より効率的な節税策等の相談も可能である点もメリットの一つとして覚えておきたい

◉税理士を雇うか否かの判断に必要な手順◉

その税金の申告が
①自らの手に負えないほどに複雑だったり面倒であるかどうか
②金額的に巨額であり、間違って申告すると後から罰金的な税金（延滞税等）が
　課せられることもあるので自分で申告することに不安か
③税務相談をして節税策をしたいか
④過去の税金に関して税務署からのお尋ねがあり、自分では対応できない場合か
のいずれに該当するかを判断する。

税理士報酬を払ってでも、上記①〜④のいずれかの対応をしてほしいと思えた場
合は、税理士に依頼をする。

4 税理士は、どうやって探せばよいか

依頼したい内容に強い税理士を探すには

前項で、申告代理に税理士を活用するとよいと書きました。そうなると、よく次のように質問されます。

「では、税理士をどう探せばよいですか?」

これについては、税理士も人ですから、依頼者との相性もあるので一律には申し上げにくいのですが、最低限のポイントは提案したいと思います。

◆どの税金の申告や相談を依頼したいのか

たとえば、お医者さんの場合でも足を骨折したときに眼科に行く人はいませんよね。通常は外科に行くはずです。

同様に、税理士についても、法律上は「どの税理士がどの税目の税金を扱ってもよい」のですが、専門分野があります。相続税の申告を依頼したいなら相続税に強い税理士をといった具合に、依頼したい内容に強い税理士を選ぶべきでしょう。

◆では、その分野に強い税理士をどう選ぶか

これもよくある質問ですが、できれば、「既存の知り合いの紹介」が望ましいでしょう。学校や職場のつながり、かつて依頼した税理士以外の士業等、利害関係のないツテを使って税理士を紹介してもらうのが一番です。もし紹介された税理士が依頼内容に強くなかったとしても、税理士まで辿りつけば税理士同士のネットワークでその分野に強い他の税理士を紹介してくれるでしょう。

それがむずかしい場合は、

①税理士は税理士会の支部に所属しているので支部にアクセスする

●どう税理士を選ぶか●

| 相続税・贈与税 | 会社経営改善等法人顧問専門税理士 | 国際税制専門税理士 | 不動産運用に強い税理士 | ・・・・その他の税金 |

税理士にも、医者の内科・外科その他同様に「専門分野」がある。
よって、その分野に関する税金に強い税理士を選ぶことが望ましい。

●税理士を探す場合の手順(筆者の個人的な見解です)●

まず、ご自身の身の回り(学校の同窓生、勤務先や、かつて依頼した税理士やその他の士業など)のツテを探り、「既存の知り合い」で税理士がいないかを調べる

ツテがなかった※ 　　 ツテがあった

・税理士会支部に相談
・その分野に強い税理士事務所を検索
・税理士の紹介エージェントをネット検索
・不動産会社等の無料セミナーや無料相談に参加し、登壇する税理士が信頼できそうであれば、講演後の質問の時間等で相談してみて、反応がよければその税理士に依頼を検討

その税理士に依頼、もしくはその税理士が依頼したい分野の専門でなかったとしても、その税理士経由で知り合いの税理士の紹介を依頼

依頼に際して、税理士への報酬面の折り合いのほか、
・その分野の実績がどの程度あるか
・書籍や論文や雑誌記事・ネット記事等の執筆、講演の実績等の有無
・過去に税理士会等に懲戒された等のネガティブな前科のない点の確認
・税理士は毎年36単位の研修が必要とされていて税理士会のサイトで毎年度の取得単位が明確にされているので、税理士会のサイトでその税理士を検索し、研修単位をクリアしているかの確認
などの点も把握・判断して、「本当にその税理士が依頼に値する専門家」であることを確認してから依頼することが望ましい

※もちろん、ツテがあった場合もツテがなかった場合と同様のコースで税理士を探すことも可能である。もっとも、個人的な見解ではあるが、既存の知り合いはその税理士のことを知っているので、より安心して依頼できる場合が多いと感じている。

②税理士事務所のネット検索

③税理士の紹介エージェント等を通じて適切な税理士を探してアクセスする

④不動産会社等が開催する無料の税理士によるセミナー等に参加し、その税
　理士が信頼できそうであれば具体的な相談を持ち掛ける

といった対応が考えられるでしょう。

　なお、税理士等の士業の側にとっても、既存の知り合いの紹介だと安心できる面もある点も頭の片隅に入れていただければと思います。

　税理士にも税目ごとに専門分野があるので、「依頼や相談したい分野に強い税理士」に依頼すべきという点を理解すればよいでしょう。

第 1 章

土地・建物をもっていると
かかる税金

土地や建物を所有していると「固定資産税」「都市計
画税」が課税されます。これらの税金の課税のしく
みはどうなっているのでしょうか。また、税額計算
の基となる土地や建物の評価額はどのように算定さ
れるのでしょうか。

不動産を所有している場合にかかる税金には、**固定資産税**と**都市計画税**があります。

　本章では、これらの税金について説明したいと思います。

　固定資産税・都市計画税は、いずれも毎年1月1日時点の土地や建物等の所有者（所有者が自治体である等の一部の例外を除く）に課せられる税金です。

　課税主体は市町村（東京23区の場合は東京都の都税事務所）で、前年に土地や建物に特別な動きがない限り賦課課税制度のため納税者が申告する必要はありません。

　ただし、後述するとおり、「ごくまれに課税主体が誤った税額計算をしている」場合がありますので、その際はしかるべき対処をする必要が生じます。このような場合は固定資産税・都市計画税に詳しい税理士に相談するとよいでしょう。

　なお、固定資産税は基本的には全国どこでも課されますが、都市計画税は都市計画区域外などの地方の過疎地では課されないこともあります。

　固定資産税・都市計画税は、登記上の所有者をベースとして土地の所有者ごとに、建物の所有者ごとに課されます。たまにある未登記建物については、その建物のある土地の所有者等から合理的に推定された者を所有者と見なした上でその者に課税されます。

　毎年1月1日に土地や建物を所有する人には固定資産税や、一定の都市部においては都市計画税も課されると理解しておけばよいでしょう。

◉固定資産税・都市計画税のしくみ◉

毎年1月1日の土地や建物の所有者にかかる税金（管轄は都税事務所もしくは各市町村）

所有者が自分で税額を計算する必要はなく、基本的には「管轄の課税主体が税額を計算してくれる税金」

基本的には、各自治体から送付される課税明細に書かれた税金を納付する（年4回に分けて課される）

建物は建物の所有者に個別に税金が課される

土地は土地の所有者に個別に税金が課される

※都市計画税は都市計画区域ではない過疎地等、一部の地域では課されない場合もある

土地にかかる
固定資産税・都市計画税

基本的に固定資産税の税率は1.4%、都市計画税の税率は0.2〜0.3%

◈土地の種別に応じて評価額が異なる

　固定資産税・都市計画税の世界では、建物を建てるのが最適と判断される土地を宅地といいます。都市部の建物が並ぶ地域の土地は基本的にはすべて宅地と考えてよいでしょう。

　宅地以外にも土地には雑種地、農地、林地等の種別があります。一般的には「宅地＞雑種地＞農地＞山林（林地）」の順に、固定資産税の課税の基礎となる固定資産税評価額（正確には「固定資産税の価格」という表現となりますが、これですと固定資産税の税額と紛らわしいので本書では以下、「固定資産税評価額」とします）は高くなります。

　ただし、農地や林地の場合は、基本的には宅地より1㎡当たりの固定資産税評価額ははるかに低いのですが、宅地にしやすい農地か否か等によっても異なっており、その農地や林地がどの程度、宅地化がしやすいかで固定資産税評価額が異なるという点も頭の片隅においておくとよいでしょう。

　つまり、雑種地、農地、林地の一部については、宅地同然に課税される場合もあるのです。また、土地の内容如何では雑種地よりも固定資産税評価額が高い農地や山林（林地）もあり得ます。

◈宅地も2つに分けられる

　そして、宅地も「住宅地」と「それ以外の宅地」に分類できます。

　後述しますが、住宅地は割安に税額を算定してくれる住宅用地の特例措置がありますので、住宅地かそれ以外の宅地かという点は、固定資産税・都市計画税の世界では大きな意味を持ちます。

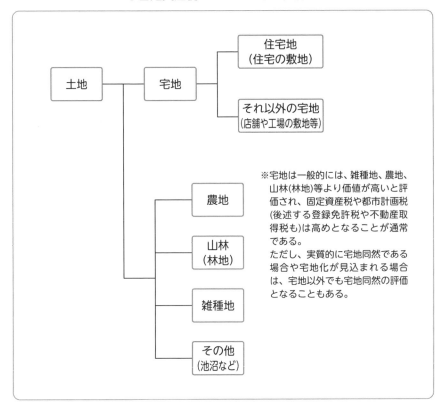

●固定資産税における土地の種別●

※宅地は一般的には、雑種地、農地、山林(林地)等より価値が高いと評価され、固定資産税や都市計画税(後述する登録免許税や不動産取得税も)は高めとなることが通常である。
ただし、実質的に宅地同然である場合や宅地化が見込まれる場合は、宅地以外でも宅地同然の評価となることもある。

　固定資産税評価額は土地の種別に応じて評価額が異なり、これに基づき固定資産税・都市計画税や、後述する不動産取得税・登録免許税が課税されると考えておけばよいでしょう。

◆固定資産税の税率は1.4%

　固定資産税の税率は基本的に1.4%ですが、たとえば鳥取県のいくつかの自治体では1.5%であったりと、まれにですが例外的な自治体もあります。また、都市計画税の税率は、自治体にもよりますが通常は0.2%〜0.3%です。
　なお、これらの税金の算定に際しては、「その人がその土地を買った時の実際の取得価格」は無関係です。

土地の固定資産税等の課税は、一定の実務経験を認められた不動産鑑定士の意見等を踏まえた「世間一般から見て妥当と判断される目線」に基づき把握される「固定資産税独特の目線で評価された、統一的な基準による固定資産税評価額」がベースとなる点もご記憶いただければと思います。

3 宅地の固定資産税課税標準額

宅地の固定資産税課税標準額は固定資産税評価額よりも安い

◈住宅地の課税標準額には特例がある

自宅の敷地、他人に賃貸しているアパート・ビルの敷地、店舗を所有する場合の店舗の敷地等、宅地を所有している所有者には、毎年１月１日時点の所有者に都税事務所もしくは各市町村から課税通知が送られてきますが、その税額計算の考え方について説明したいと思います。

ここで注意したいのは、住宅の敷地とそれ以外で、かなり税額が違う点です。

固定資産税評価額は、それがそのまま固定資産税や都市計画税の課税の前提となるわけではなく、一定の補正をした**固定資産税課税標準額**を求め、これに税率等を考慮して固定資産税や都市計画税の税額を計算する形態となります。

固定資産税評価額と固定資産税課税標準額との関係は概ね以下のとおりです。

住宅地…固定資産税課税標準額は固定資産税評価額の1/6（200㎡以上の部分は1/3)、都市計画税の課税標準額は固定資産税評価額の1/3（200㎡以上の部分は2/3）に補正…住宅用地の特例措置

住宅の敷地以外の宅地（店舗・ビルの敷地等の商業地や、工場の敷地等の工業地等）…概ね固定資産税評価額の５～７割程度に補正

つまり、住宅の敷地の場合は、固定資産税評価額よりも固定資産税課税標準額が他の場合と比べてかなり低いので税の負担が少なくなります。

このため、使っていない空き家があっても解体せずに住宅の敷地の扱いを維持すれば、土地の固定資産税・都市計画税の負担は少ないままとなります。

実は、これが巷にいう空き家問題の根源なのですが。

◆住宅と店舗などが複合している場合は

なお、土地上の建物が住宅と店舗事務所その他の用途との複合形態の場合は、住宅部分の比率に応じて、その全部もしくは一部（50％もしくは75％）が住宅地扱いとなります。

また、東京23区では個人や一定規模以下の法人が所有する駐車場やビルの敷地等、小規模非住宅用地に該当する場合は、200㎡までの固定資産税・都市計画税は2割減となる制度もありますので、必要な手続きをすべきでしょう。

固定資産税評価額と固定資産税（都市計画税）課税標準額は別もので、後者に税率を乗じて税額は算定されると理解すればよいでしょう。

◉宅地の税額計算の流れ◉

固定資産税の世界では、後述する固定資産税路線価（過疎地の場合は固定資産税標準宅地）などに基づく「固定資産税独特の目線」の価格をもって課税計算上の価格（固定資産税評価額）と扱う。このため、固定資産税評価額は、実際の不動産市場の価格（相場）とは異なる。
なお、建前は「固定資産税評価額は市場価格の7がけ」となっているが、実際には地価の高い土地では市場価格の5割以下程度のこともある等、かなり違うことも多い。

土地の価格※ （固定資産税評価額）	住宅用地の特例措置または負担調整措置	土地の課税標準額※ （固定資産税課税標準額）	税率を乗じる	税額 ※税率を乗じた額についても一定の調整をして税額を算出する場合あり

基本的には、宅地の固定資産税評価額の6～7割程度が土地の固定資産税課税標準額であるが、地価が高い地域等では過去の経緯等により6割以下のこともある（負担調整措置）。
ただし、一定の要件を満たす住宅の敷地の場合は、住宅用地の特例措置の適用でより固定資産税（都市計画税）課税標準額が低額となり、税負担も少ない。

※当面の間、東京都での小規模住宅用地（200㎡までの住宅用地）の都市計画税は、上記で算定された税額のさらに半額になるとされている。言い換えれば、200㎡までの住宅用地についても実質的に固定資産税評価額の1/6が都市計画税の課税標準額となる。

4 建物にかかる 固定資産税・都市計画税

建物の固定資産税・都市計画税は、新しいほど高い

次に、建物の固定資産税・都市計画税について説明しましょう。

固定資産税の評価額は、土地も建物も基本的には総務省の固定資産評価基準に基づき各自治体において算定されます。

なお、固定資産税の税率は土地と同様、基本的には税率は1.4%（例外あり）、都市計画税の税率は通常は0.2〜0.3%です（自治体による）。

◈新築想定時の価格に補正を加えて評価額を算出する

建物の評価額は、基本的には、建物の新築想定時を前提とした価格（**再建築費評点数**といいます）に、建物の古さを考慮する意味であらかじめ定められた**経年減点補正率**という割合を乗じます。具体的には、経年減点補正率は建物や構造によって1.0弱（ただし、住宅などについては中古になったことによる価値の減少が大きい点を考慮して1年目から0.8とされています）から徐々に数値が減っていき、どんなに古い建物でも0.2とされています。

どんな古い建物でも課税されるため、小規模住宅用地の特例の適用のない古い建物がある場合、建物を解体して固定資産税や都市計画税を節約することも選択肢として考えられると思われます。

再建築費評点数は市場での実際の建物の取得価格とは目線が異なり、概ね市場での取得価格の半額程度が目安と考えておけばよいでしょう。

なお、建物についても土地同様、実際に購入したときのその建物の価格等は無関係です。あくまでも、現況を前提とした、「一定の基準に基づく、他の納税者との公平に配慮した固定資産税評価額」をベースに課税されることとなります。

建物の固定資産税の評価額は、新築想定時の再建築費評点数に経年減点補

正率等を考慮して求めると理解しておけば十分でしょう。

●建物の固定資産税の税額計算の流れ●

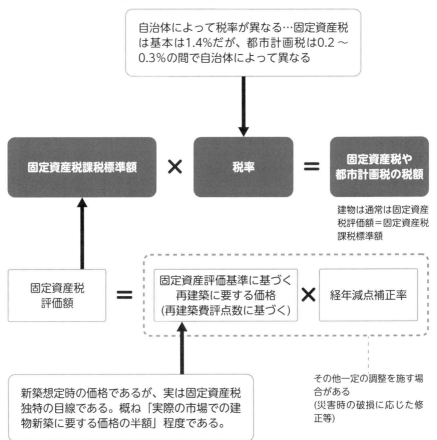

自治体によって税率が異なる…固定資産税は基本は1.4%だが、都市計画税は0.2～0.3%の間で自治体によって異なる

固定資産税課税標準額 × 税率 = 固定資産税や都市計画税の税額

建物は通常は固定資産税評価額＝固定資産税課税標準額

固定資産税評価額 = 固定資産評価基準に基づく再建築に要する価格（再建築費評点数に基づく） × 経年減点補正率

新築想定時の価格であるが、実は固定資産税独特の目線である。概ね「実際の市場での建物新築に要する価格の半額」程度である。

その他一定の調整を施す場合がある
（災害時の破損に応じた修正等）

5 土地の固定資産税評価額

路線価や標準宅地をもとに算定される

◆基本となるのは地積

　固定資産税評価額は、土地については後述する「1 ㎡当たりの固定資産税評価上の土地単価の目線」である**固定資産税路線価**もしくは**標準宅地**の価格に一定の補正を施して得た土地の単価に土地の面積を乗じて求め、建物については総務省の固定資産評価基準に基づき建物の面積も考慮して算定します。

　その際の基本は、法務局に備え付けられているその土地や建物の登記簿に記載された数量（地積もしくは床面積）です。土地については、登記簿にある地積がその基準となります。

　ただし、注意したい点があります。土地の登記簿の地積の中には、その所有者が自由利用できる「有効宅地部分」以外に、私道部分が入っている場合もあります。この場合、一定の要件を満たす私道であれば課税対象外となります。

　また、雑種地（宅地ほど明確に建物の敷地とするのに適しない、雑然とした土地等）の場合、固定資産税課税標準額も低めな場合もある等、いろいろな判断を経て固定資産税課税標準額は判定されます。

◆課税に誤りがある場合も

　固定資産税は先に述べたとおり賦課課税制度ですが、課税当局もすべての不動産を完璧に把握できるわけではありません。このため、ごくまれにですが、例えば次のような誤りがあります。

①　地積に含まれる道路部分を控除せずに課税していた結果、課税標準額を過大に判断しているために税額も多く課税されている

② 宅地か雑種地かなど地目の判定の誤りで課税標準額に誤りが生じる
③ 住宅用地の特例措置の適用対象なのに適用を外していた（あるいはその逆）

　したがって、ご自身の土地につき地積数量を鵜呑みにせず、その数量が妥当であるか、地目の誤り、特例の適用の欠落等に注意することが必要です。

　なお、誤りがある場合、単に固定資産税・都市計画税のみならず、後述するとおり、地方の過疎地で採用される相続税の倍率地域での相続税計算上の土地の評価額の判定にも影響を及ぼしかねない点もご記憶いただければと思います。

固定資産税評価額は土地や建物の面積に、一定の手順で把握された単価を乗じて求めるが、まれに間違いもあると理解しておけばよいでしょう。

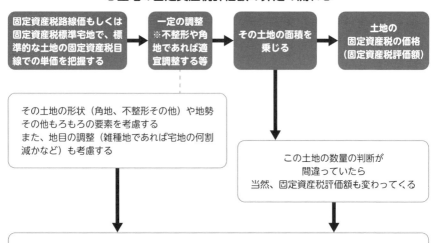

●土地の固定資産税評価額の算定の流れ●

6　建物の固定資産税評価額

総務省の固定資産評価基準に基づき算定される

◆基本となるのは床面積

　建物の固定資産税評価額（固定資産税課税標準額）は、総務省の固定資産評価基準に基づき再建築費評点数にさまざまな補正を施して、それぞれの建物の面積を乗じて算定します。

　土地同様に、建物についても固定資産税評価額を算定する基本は、法務局に備え付けられているその建物の登記簿記載の数量（各階の床面積合計）です。つまり、建物の場合は登記簿にある床面積の合計（各階の面積が1階40㎡、2階80㎡であれば40㎡＋80㎡→120㎡）がその基準となります。

　ただし、なかには登記されていない建物（未登記建物といいます）や登記されていない増築部分もあります。この場合、課税当局が独自で調査し、面積等を判定の上で課税されることとなります。

　また、登記簿に記載された建物の用途が実際とは異なる場合もあります。この場合は、現況を重視して固定資産税や都市計画税を課税することとなります。

◆建物の課税でも誤りの可能性はある

　建物についても、土地の場合と同様に、課税当局が以下のような間違いを犯している場合があります。

　たとえば、次のような場合が建物の課税の誤りとして考えられるでしょうか。

① 建物の面積を間違って判定しており、そのために固定資産税評価額の判定を誤ったため、税額を過大に徴収してしまった

② 建物が実際には解体済みであるのに、登記簿に残っていたため、建物がまだ残っているかのような前提で課税された

なお、後述しますが、相続税の申告に際しての建物評価額は原則として固定資産税評価額となります。したがって、固定資産税評価額に誤りがあった場合、毎年の固定資産税・都市計画税のみならず、その建物の所有者が亡くなった場合の相続税にも影響しかねません。

建物の固定資産税評価額は、再建築費評点数や経年減点補正、建物の面積等に基づき算定される点と、登記簿に反映していない建物の解体等があった場合などもあり得るため、建物の固定資産税評価額が妥当かを平素から注視すべき点を理解しておけばよいでしょう。

●固定資産税・都市計画税の建物の考え方●

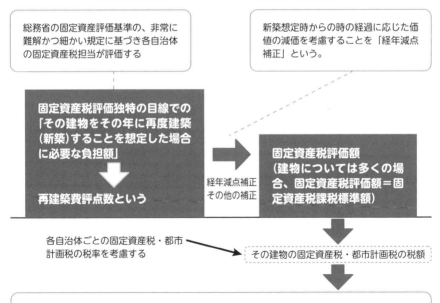

7 新築住宅の税額の特例

新築時から一定期間、固定資産税や都市計画税が安くなる

◆新築住宅は３年間、固定資産税が半額になる

建物については、固定資産税・都市計画税の税額が安くなる特例があります。

新築の住宅については、下記の床面積要件をみたす場合、新たに課税される年度から３年度分（３階建以上の耐火・準耐火建築物は５年度分）に限り、その住宅に係る固定資産税額（居住部分で１戸当たり120㎡相当分までを限度）が半額となります。

また、認定長期優良住宅については、下記の床面積の要件を満たす場合、新たに課税される年度から５年度分（３階建以上の耐火・準耐火建築物は７年度分）に限り、その住宅に係る固定資産税額（居住部分で１戸当たり120㎡相当分までを限度）が半額となります。

◉新築住宅の特例の床面積の要件（東京都の都税事務所のサイトより）◉

住宅の区分　　新築年月日	一戸建住宅※1	住宅に店舗などが含まれている併用住宅※1	アパートなどの共同住宅※1		マンションなどの区分所有の住宅※2	
	床面積	居住部分の床面積	独立的に区画された居住部分ごとの床面積に、廊下や階段など共用部分の面積をあん分し、加えた床面積		専有部分のうち居住部分の床面積に、廊下や階段などの共用部分の面積をあん分し、加えた床面積	
				貸家の場合		貸家の場合
平成17年1月2日～令和6年3月31日	50㎡以上280㎡以下	50㎡以上280㎡以下	50㎡以上280㎡以下	40㎡以上280㎡以下	50㎡以上280㎡以下	40㎡以上280㎡以下

※1　居住部分の床面積が全体の1/2以上であるものに限る。
※2　専有部分のうち居住部分がその専有部分の1/2以上であるものに限る。

◆認定長期優良住宅とは

認定長期優良住宅とは、長期にわたり良好な状態で使用するための措置が優良な住宅です。

その認定を受けるためには、長期優良住宅の建築および維持保全の計画を作成し、所管行政庁に申請することが必要で、適切な内容であれば認定を受けることができます。令和に建築される住宅の多くは認定長期優良住宅と思われますが、新築する際には、念のため、住宅メーカーにこの点を照会するとよいでしょう。

その一方で、数年後、減免措置が解けた場合には、固定資産税額がそれまでの倍前後になることも念頭において、ローン返済等の資金繰り計画を練ることも必要かと思われます。

新築住宅については、一定期間、固定資産税や都市計画税が安くなる制度があり、とくに認定長期優良住宅に該当すればより安くなる期間が長くなると理解しておけばよいでしょう。

8 固定資産税路線価と標準宅地

都市部では路線価、それ以外は標準宅地の価格をもとに土地を評価

◈ 1 ㎡当たりの標準的な単価が路線価

　土地の固定資産税評価額は、当然ながら地域の土地価格の水準を反映した価格で算定されます。

　前述のとおり、固定資産税評価額はその土地を実際に取得した際の価格は無関係です。なぜなら、ほぼ同じ利用価値の土地であっても、一方は無償で取得したものであり、もう一方は高額で取得したものである場合に、実際に取得した価格に基づき課税してしまうと不公平だからです。

　このため、課税の公平を期す意味で、宅地については、課税主体側（都税事務所・市町村）が、一定の都市部については、道路（路線）ごとに1㎡当たりの標準的な固定資産税評価の基本となる価格（単価）を定め、その道路沿いの宅地につき「この単価から一定の補正を施してその土地の固定資産税評価額の単価を求め、これに面積を乗じて固定資産税評価額を計算します」という、**固定資産税路線価**を設定しています。

◈ 都市部以外は標準宅地が単価となる

　都市部ではない過疎地については固定資産税路線価は設定されておらず、代わりに地域の任意の標準的な地点を定めて、その地点の1㎡当たりの価格を定めた上で形状や道路付けなどの補正を施して、その土地の面積を乗じて固定資産税評価額を算定します。

　その際の標準的な地点を**標準宅地**といいます。

　宅地の固定資産税や都市計画税は、他の納税者との公平性に配慮して定められた固定資産税路線価や標準宅地に一定の補正を施し、これに面積を乗じ

て得られた固定資産税評価額に基づき、固定資産税課税標準額を求め、これに税率を乗じて課税されると理解しておけばよいでしょう。

●固定資産税評価額の考え方●

（固定資産税評価額に基づき税額を計算する不動産取得税・登録免許税も同じ）

課税の公平を図るために、毎年1月1日時点の統一的な目線で固定資産税評価額は算定される

実際に取得した時の価格は無関係

土地（宅地）については、毎年1月1日時点の固定資産税路線価もしくは標準宅地※に基づき一定の補正を施してその土地の固定資産税評価上の単価を算定し、これに面積を乗じて固定資産税評価額を求める。

建物についても同様に固定資産評価基準に基づくその年の1月1日時点のその建物の固定資産税評価額を求める。

※固定資産税路線価や標準宅地それ自体は、3年に一度の評価替えがあるため、評価替えの年以外は、評価替えをした年からの、時の経過に応じた価値の修正（時点修正という）で対応する。

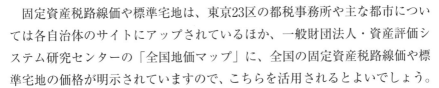

9 路線価や標準宅地は 自治体のサイトで確認できる

試しに路線価や標準宅地を見てみよう

　固定資産税路線価や標準宅地は、東京23区の都税事務所や主な都市については各自治体のサイトにアップされているほか、一般財団法人・資産評価システム研究センターの「全国地価マップ」に、全国の固定資産税路線価や標準宅地の価格が明示されていますので、こちらを活用されるとよいでしょう。

　なお、固定資産税評価額は建前では、市場価格（国土交通省の公表する公示価格等）の7割程度とされています。

　ただし、地価の高い東京や京阪神の高度商業地や人気の高い住宅地等では、仮にその不動産を取引に出した場合にその価格での成立が予想される実勢価格が公示価格をはるかに上回っているケースが多いのが実態です。このため、実情としては固定資産税評価額は実勢価格の5〜6割程度の場合や半分以下の場合も珍しくはありません。

　一方で、過疎地の場合は、7割程度を超えて8〜9割の場合や、むしろ固定資産税評価額が実勢価格を上回っている場合すら散見されます。

　このように、固定資産税評価額は、市場において成立するであろうと期待される実勢価格とはまったく異なる、「固定資産税評価用の便宜的な価格」であり、固定資産税・都市計画税の算定や、後述する不動産取得税・登録免許税の算定で活用される一方で、実際の不動産市場での売買や、相続の際の遺産争いの局面での不動産の価値を示す額としてはまったく使えない点、ご理解いただければよいでしょう。

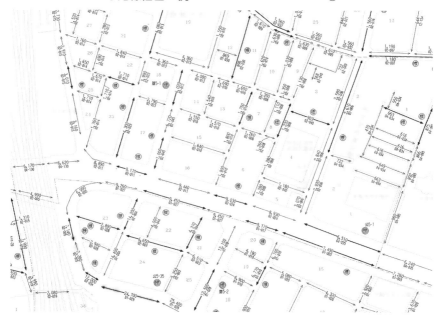

※道路に刻まれた数値が「その道路沿いの宅地の、画地補正率考慮前の固定
　資産税評価額計算上の㎡単価」となります。

※これに画地補正率を考慮し、3年に一度の評価替えの年でなければ時点修
　正（時の経過に応じた価値の修正）も考慮して、土地の固定資産税評価上
　における1㎡当たりの単価を算定し、これに面積を乗じてその土地の固定
　資産税評価額を算定します。

※画地補正率の内容は、角地であるとか不整形等といったその土地の個別性
　に応じた価値の増価や減価を反映するもので、画地補正率は固定資産税評
　価の主体側であらかじめ定めています。

※農地や林地等の場合は、宅地よりははるかに低い水準の単価で標準的な価
　格が定められています。ただし、都市部での一定の場合については、一定
　の調整を施した上で宅地並み課税をされることがあります。

10 農地や山林の固定資産税評価額

通常はこれらの固定資産税評価額は少額である

　固定資産税計算上の土地単価が宅地ほどは高くないのであまり重要性はないですが、簡単に農地や山林（林地）についての固定資産税評価額についても説明したいと思います。

　筆者の経験則の限りですが、実態として農地や山林は、法規制上で宅地化が困難である、法規制上では一応は宅地化はできても現実的な宅地需要がない過疎地である、土地を広く使うという農業の特質や農業の保護の必要性がある等の理由で、かなり低い価格で評価されていることが多いです。

　しかも、山林や農地の取引は宅地ほど活発ではないと思われるため、取引事例からの比較検討もなかなか難しい場合も多いようです。

　なお、山林については、公正な土地の価値の指標となる国土交通省等が開示する林地の地価公示価格や都道府県地価調査基準地価格もある地域が存在するため、ある程度はこれとの均衡を配慮して固定資産税評価額を定めていることもあるかもしれません。しかし、筆者がいくつかの自治体の固定資産税担当に聞いた限りでは、実態として遠い昔からの慣例として「1㎡当たり〇〇円」と定めていることも多いようです。

　このような状況のため、生産緑地（後述）を除く農地や林地については、固定資産税評価額は争いの余地が少ない一方で、総額も相対的に低いので、税額への影響も乏しいというのが実態だと思います。

　宅地化が見込まれない純粋な農地や林地（山林）の固定資産税評価額は、1㎡当たり単価の比較で宅地と比べて大幅に低いことが通常であると理解しておけばよいでしょう。

●農地の固定資産税の考え方～農林水産省のサイトより●

農地の保有に対する税金（固定資産税）

○ 固定資産税において農地は、一般農地、市街化区域農地に区分され、評価及び課税されます。

○ 「一般農地」については、農地の売買実例価格を基に評価（農地評価）され、課税に当たっては「一般農地の負担調整措置」（注）が講じられる（農地課税）。市街化区域農地のうち、「生産緑地地区の農地」については、生産緑地法により転用規制がされているため、評価及び課税に当たっては一般農地と同様の取扱いとされています。

○ 「市街化区域農地」は、道路状況など宅地として利用する場合の利便性が類似する宅地の価額を基準とした価額から、農地を宅地に転用する場合に必要と認められる造成費相当額を控除して、評価額が求められます（宅地並評価）。このうち、
・ 「一般市街化区域農地」は、「一般農地の負担調整措置」（注）が適用されるため、評価額は高くなっても実質の課税は農地に準じた課税となっています。
・ 「三大都市圏の特定市の市街化区域農地」は、「宅地の負担調整措置」（注）が適用されます（宅地並課税）。

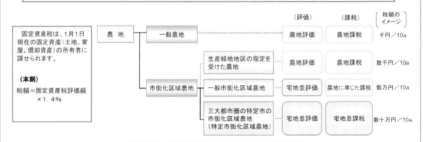

固定資産税は、1月1日現在の固定資産（土地、家屋、償却資産）の所有者に課せられます。

（本則）
税額＝固定資産税評価額
　　　×1.4%

農地評価：　農地利用を目的とした売買実例価格を基準として評価
宅地並評価：　近傍の宅地の売買実例価格を基準として評価した価格から造成費相当額を控除した価格

農地に対する固定資産税の特例（負担調整措置）

○ 一般農地については、負担水準の区分に応じたなだらかな税負担の調整措置が講じられています。
○ 特定市以外の市街化区域農地は、一般農地と評価の方法は異なるが、課税にあたっては、一般農地と同様の負担調整措置が適用されます。
○ 特定市において生産緑地を選択していない農地は、宅地化農地として宅地と同様に取り扱われ、宅地と同様に課税標準を3分の1とする特例措置が講じられています。

○ **一般農地・生産緑地地区内農地** （＝農地の負担調整措置）
　次のいずれか少ない額

　A（本則税額）：評価額 × 税率
　B（調整税額）：前年度の課税標準額 × 負担調整率 × 税率

○ **市街化区域農地** （＝農地の負担調整措置）
　次のいずれか少ない額

　A（本則税額）：評価額 × 1/3 × 税率
　B（調整税額）：前年度の課税標準額 × 負担調整率 × 税率

　（注）市街化区域への編入により「一般農地」→「市街化区域農地」になった場合には、
　　　前年度の「一般農地」の課税標準に負担調整を乗じた額となるので、実質「農地課税」に準じた税額となる。

○ **特定市街化区域農地** （＝宅地の負担調整措置）
　次のいずれか少ない額

　A（本則税額）：評価額 × 1/3 × 軽減率 （注）× 税率
　B（調整税額）：（前年度の課税標準額 ＋ 当該年度の評価額 × 1/3
　　　×5%） × 税率

　（注）軽減率は、新たに特定市街化区域農地になった農地に適用（初年度：0.2～4年度目：0.8）

負担調整率

「負担調整率」とは、農地に係る前年度課税標準額を当該年度の評価額で除して求めた負担水準の区分に応じて求められる次の表の率をいいます。

負担水準の区分	負担調整率
0.9以上のもの	1.025
0.8以上0.9未満のもの	1.05
0.7以上0.8未満のもの	1.075
0.7未満のもの	1.1

負担水準（一般農地）　＝　前年度の課税標準額 / 当該年度の評価額

負担水準（市街化区域）　＝　前年度の課税標準額 / 当該年度の評価額 × 1/3

特定市街化区域農地の特例

特定市街化区域農地のBについては、次の額を下回る場合は当該額となります。

（当該年度の評価額 × 1/3） × 2/10 × 税率

11 生産緑地制度・特定生産緑地制度

固定資産税・都市計画税について優遇される

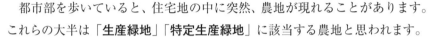

　都市部を歩いていると、住宅地の中に突然、農地が現れることがあります。これらの大半は「**生産緑地**」「**特定生産緑地**」に該当する農地と思われます。

　生産緑地とは、平たくいうと「都市部で農地がある場合に、その申出によって、市街地の地価が高い地域でも、農地として固定資産税・都市計画税を課す」制度です。

　つまり、本来、都市部の農地であっても、宅地化が十分に見込まれる土地の場合は、市場においての換金価値も宅地同様の価値がありますので、固定資産税評価額も宅地並み課税が前提となります。

　しかし、都市部であっても一定の緑地があることは望ましいです。また、農地の保護という社会的意義もあります。そのため、「その農地の所有者等の意向に基づき、都市計画で指定されれば、30年間、基本的には宅地化できない代わりに固定資産税・都市計画税も宅地並みの高額な評価ではなく、農地としての評価に基づき課税される」としたものが生産緑地です。

　ただ、生産緑地の制度は平成4年に設定されたのですが、30年後である令和4年に一斉に生産緑地が宅地化される懸念が出てきました。そこで、農家レストラン等の建築ができるなど一定の緩和を施した上で、所有者の意向を得てこのような制度の適用を10年ごとに延長するか否かを選べることになりました。これが特定生産緑地の制度で、いわば生産緑地の制度の頃と比べて所有者側の自由度の幅が高まった内容となっています。

　なお、特定生産緑地で延長をしない場合は自治体が買い取りの申出もできるのですが、買い取りの申出をせず、かつ、他の営農従事者への斡旋も不調で生産緑地・特定生産緑地による行為制限が解除される場合においても、固定資産税・都市計画税が急上昇するのを回避するため、5年間で徐々に固定資産税・都市計画税を上昇させる激変緩和措置も講じられます。また、相続

税についても一定の配慮が講じられます。

　都市部では特定生産緑地の制度があり、これらは固定資産税・都市計画税が安い代わりに宅地化は例外的な場合を除きできないと理解しておけばよいでしょう。

●特定生産緑地制度の税制（三大都市圏特定市）〜国土交通省のサイトより●

区　分	三大都市圏特定市の 市街化区域内農地		
	生産緑地以外	生産緑地	
		30年経過後 非特定生産緑地	30年まで又は 特定生産緑地
固定資産税 の課税	**宅地並み評価** ・宅地評価額−造成費相当額 **宅地並み課税** ・課税額＝評価額×1/3×1.4% ・前年度比5％増までに抑制	**宅地並み評価** ・宅地評価額−造成費相当額 **宅地並み課税** ・課税額＝評価額×1/3×1.4% ・前年度比5％増までに抑制 ・5年間激変緩和措置	**農地評価** ・売買事例価格による評価 **農地価税** ・課税額＝評価額×1.4% ・前年度比10％増までに抑制
相続税の 納税猶予 （一部例外あり）	**納税猶予なし**	**納税猶予なし** 現世代の納税猶予のみ 終身営農で免除 （現世代に限り、 賃借でも納税猶予継続）	**納税猶予あり** 終身営農で免除 賃借でも納税猶予継続
都市計画 制限	特になし	買取り申出可能 建築制限あり	30年（特定：10年） 建築制限あり
農地転用 の制限	原則自由（届出制）		

※筆者が調べた個人的な感覚ですけれど、令和4年は平成4年の30年後のため生産緑地問題が心配された年ですが、都内のいくつかの自治体の担当に聞く限り、「自治体としてできれば生産緑地は残したい」との意向でした。そして、筆者が自治体の担当に聞いた限りの断片的な範囲の情報ですが、実際にも9割程度の生産緑地は所有者側の意向で特定生産緑地として残っているようでした。

12 固定資産税・都市計画税の評価額が誤っていた場合

取られすぎていた税金は還付請求できる

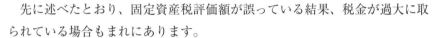

　先に述べたとおり、固定資産税評価額が誤っている結果、税金が過大に取られている場合もまれにあります。

　では、税金を過大に取られている可能性がある場合、どうすればよいでしょうか。各自治体（東京都の場合は都税事務所）の固定資産税担当に自ら申し出るか、税理士に代理を依頼して対処を求めるべきでしょう。

　具体的には、固定資産税担当に税額の算定根拠となる計算資料の開示を求めます。その上で、その根拠となる計算資料を分析して、「固定資産税課税標準額が過大評価されているか」を確認します。もし、過大評価されていたならば、固定資産税担当に申し出て、評価額の修正を依頼することとなります。

　もっとも、現実的には、一般の方に固定資産税評価額の分析は困難ですので、「その税理士に私の代理を委ねますという書類」、すなわち代理権限証書を作成の上でその方面に強い税理士に依頼することとなるでしょう。

　その上で、課税標準額の修正を通じて将来の税額を適正な額に修正してもらうことになります。さらに、地方税法17条・17条の5・417条の規定に基づき、「過年度に取られすぎていた税を5年分取り返せる制度」がありますので、ただちにその還付（取られすぎた税金を取り戻すこと）請求を行うべきです。

　ちなみに、通常の自治体では5年ですが、条例でより多くの年数分を還付請求ができる自治体もあります。

　なお、税理士に代理を依頼する場合は、税額の減額や還付が成功するとは限らないので、通常は成功報酬型で対応します。たとえば将来の税額を圧縮した場合は、その年度1年分の圧縮額の25〜30％前後が、過去の税金の還付が成功した場合は、還付額の25〜30％程度が報酬となります。その際、税理

●固定資産税還付請求の手続きの流れ●

固定資産税評価額に疑念が生じた

税理士に依頼する場合 税理士に依頼せず自分でする場合
〔ただし、実務上困難なことが多いと思われる〕

固定資産税関連に強い税理士を探し、代理権限証書にサインした上で税理士に委ねる
※課税当局も、税理士が出てくるとなると「専門家相手で軽くいなす」ことはできないため、真摯に対応する可能性が高まると個人的には考えている

各自治体の固定資産税担当部署（東京23区の場合は都税事務所）に課税の評価明細を開示要求する

過大評価の疑念は発見されなかった 過大評価が発見された

その時点で作業は終了

固定資産税担当部署に指摘し、固定資産税評価額の修正を委ねる
（これで今後の固定資産税や都市計画税の取られすぎを回避できる）

還付請求ができる性質の過大評価ではなかった 過年度の還付請求ができる性質の過大評価であった

作業は終了

地方税法の規定に基づき最低でも直近の5年分（自治体によっては条例でより長い年限を設定している場合もある）の「税金の取られすぎ」の還付を請求する

士以外の者が上記の業務を行うことは税理士法違反となりますのでご注意を。

　個人的には、固定資産税や都市計画税の還付は、「査定の幅の範囲での裁量による見解の相違」は判断の問題であるためほとんど通らないので、「誰が見ても明確な事実認定の間違い」があった時に指摘すべきと考えています。

　固定資産税や都市計画税の過大徴収がなされていた場合は税額の是正のほか、還付請求ができると理解しておけばよいでしょう。

「住宅用地特例がなくなったら税額は６倍」は間違い

　たまにネット記事等で、固定資産税・都市計画税について、「住宅用地の特例措置がなくなったら固定資産税の税額は６倍になる」と記載されているものがあります。ひどいのになると、税理士の書いた本でもそのような記載がなされたものを見かけたことがあります。

　しかし、ここまでの説明を読まれた皆様は、これは間違いということはおわかりかと思います。

　なぜなら、確かに200㎡以内の小規模な住宅の敷地の固定資産税課税標準額は固定資産税評価額の1/6ですが、住宅の敷地以外の宅地の固定資産税課税標準額が固定資産税評価額の概ね６～７割程度のため、６～７割と1/6の比較で概ね４倍程度の格差に収まるからです。

　「宅地以外も６～７割」との点を落として単に「1/6」である点だけを取り上げて「固定資産税は６倍となる」と誤解したのでしょうが、このような記事を目にした場合、筆者は「ああ、この書き手は固定資産税に詳しくないのだな」と、その記事全体について懐疑心を持ちながら見ることにしています。

　読者の皆様も、「６倍であるとの誤解がある記事」に惑わされず、正確な情報に基づく判断をすることを推奨したいと思います。

第**2**章

土地・建物を買ったときに
かかる税金

土地や建物を購入したときは不動産取得税が、また所有権の登記をする場合には登録免許税が課税されます。これらの課税のしくみ、宅地や住宅の軽減措置についてみていきましょう。

1 不動産を購入したら登録免許税がかかる

登記をした場合に負担する税金

　土地を買ったときにかかる税金には、**不動産取得税**と**登録免許税**があります。

　この章では、この2つの税金を中心に、一部、その他の税金についても説明したいと思います。まずは登録免許税から。

◆登記申請についての税金

　登録免許税は、一言で言うと「登記の際に発生する税金」です。

　不動産登記は、「この不動産は私のものである（私のものだと主張する権利を所有権といいます）」もしくは「この不動産は私の債権の担保（抵当権・根抵当権といいます）に取っている」など、その不動産に対して誰がどんな権利を持っているかということを、広く世間にアピールするためになされます。

　登記簿は法務局という専門の役所で管理されていて、有料ですが原則として、全国の不動産に関する権利の内容を示した登記の情報を誰でも取得できます。

　一方で、売買で所有者が変更されたり、新たに担保に供した等、その不動産の権利の内容が変更されることもあります。この場合は、登記の内容を変更するための申請をする必要があり、これを登記申請といいます。そして、その登記申請の際に登録免許税がかかることとなっています。

◆登記申請は司法書士に依頼する

　不動産関連の登記申請は、その不動産の所有者が自分ですることもできますが、実務上は登記の専門家である司法書士（弁護士もこの業務をできますが、現実問題として弁護士が登記申請をすることはあまりないと思われます）

●不動産を買ったときは登記申請する●

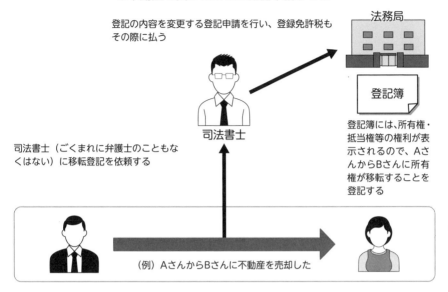

登記の内容を変更する登記申請を行い、登録免許税もその際に払う

法務局

司法書士

登記簿

登記簿には、所有権・抵当権等の権利が表示されるので、AさんからBさんに所有権が移転することを登記する

司法書士（ごくまれに弁護士のこともなくはない）に移転登記を依頼する

（例）AさんからBさんに不動産を売却した

●登録免許税に関する手続き●

売買等、不動産に関する権利の変更があり登記の必要が生じた

司法書士に依頼した　　自分でする

司法書士が登録免許税の計算をしてくれるので、それに基づき司法書士報酬と合わせて司法書士に支払えばよい

登記申請に必要な資料等をそろえつつ、登録免許税の計算を自分でする

法務局で登記申請をする

※登録免許税は、税理士法2条に規定する税理士が取り扱う税金の範疇の外とされています。このため、登録免許税も税金ではありますが誰でも扱ってよいこととなっているので、司法書士が取り扱うことは税理士法的にも問題はありません。ただし、登記申請は基本的には司法書士の独占業務のため、他人のために業として登記申請を行うことは原則として司法書士（まれに弁護士）以外はできません。

に依頼することが大半でしょう。

　このため、実務上は司法書士に払う報酬と合わせて登録免許税を支払い、司法書士が立て替えて法務局に納付することが一般的と考えられます。ですので、登録免許税は司法書士に計算してもらうことになります。

　登録免許税は国の税金ですから、本来は税務署が取り扱ってもよさそうですが、登記に関する税金ということから、実際には法務局で納税手続きを行います。

　まずは、登記申請の際は登録免許税がかかると理解しておけばよいでしょう。

2 登録免許税の計算

固定資産税評価額をもとに算定される

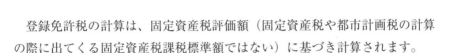

　登録免許税の計算は、固定資産税評価額（固定資産税や都市計画税の計算の際に出てくる固定資産税課税標準額ではない）に基づき計算されます。

　具体的には、その年度の固定資産税評価額×税率 で登録免許税は算定されます。ここでも実際のその不動産の取得したときの価格は関係ありません。

◆税率は登記の原因によって異なる

　税率については、売買や相続、保存等の「登記の原因の内容」によって異なります。

　ちなみに、ここでいう「保存」の登記とは、新築ほやほやの建物など、「初めてその不動産に登記の所有者を入れる（所有者を保存する）」際の登記をいいます。

　また、建物の税率は、住宅関連については58ページの表のとおり、一定の軽減措置があります。

◆「その年度」の固定資産税評価額がもとになる

　登録免許税算定のもとになる固定資産税評価額は、「その年度」の固定資産税評価額ですので、たとえば令和5年3月15日の登記申請であっても、令和5年度は4月1日からで令和5年3月15日はまだ令和4年度ですから、令和4年度（令和4年1月1日時点）の固定資産税評価額を用いることとなります。

　登録免許税は「その年度の固定資産税評価額×税率」で計算するが、税率は登記の原因等で異なると理解しておけばよいでしょう。

57

◉登録免許税の税率表（国税庁のサイトより）◉

■土地の所有権の移転登記

内容	課税標準	税率	軽減税率（措法72）
売買	不動産の価額	1,000分の20	令和5年3月31日（※）までの間に登記を受ける場合1,000分の15
相続、法人の合併または共有物の分割	不動産の価額	1,000分の4	－
その他（贈与・交換・収用・競売等）	不動産の価額	1,000分の20	－

※令和４年の年末に発表された「令和５年度税制改正大綱」（政府が税制の方針を定めるもの）で「土地の売買による所有権の移転登記等に対する登録免許税の税率の軽減措置の適用期限を３年延長する」とありますので、期限が延長されると思われます。

■建物の登記

内容	課税標準	税率	軽減税率（措法72の2～推法75）
所有権の保存	不動産の価額	1,000分の4	個人が、住宅用家屋を新築または取得し事故の居住の用に供した場合については「住宅用家屋の軽減税率」を参照してください。
売買または競売による所有権の移転	不動産の価額	1,000分の20	同上
相続または法人の合併による所有権の移転	不動産の価額	1,000分の4	－
その他の所有権の移転（贈与・交換・収用等）	不動産の価額	1,000分の20	

※ここでいう不動産の価額とは、その年度の固定資産税評価額になります。

■住宅用家屋の軽減税率

項目	内容	軽減税率	備考
①住宅用家屋の所有権の保存登記（措法72の2）	個人が、令和６年３月31日までの間に住宅用家屋を新築または建築後使用されたことのない住宅用家屋の取得をし、自己の居住の用に供した場合の保存登記	1,000分の1.5	登記申請書に当たって、その住宅の所在する市町村等の証明書を添付する必要があります。なお、登記した後で証明書を提出しても軽減税率の適用を受けられませんので注意してください。
②住宅用家屋の所有権の移転登記（措法73）	個人が、令和６年３月31日までの間に住宅用家屋の取得（売買および競落に限ります。）をし、自己の居住の用に供した場合の移転登記	1,000分の3	同上
③特定認定長期優良住宅の所有権の保存登記等（措法74）	個人が、令和６年３月31日までの間に認定長期優良住宅で住宅用家屋に該当するもの（以下「特定認定長期優良住宅」といいます。）を新築または建築後使用されたことのない特定認定長期優良住宅の取得をし、自己の居住の用に供した場合の保存または移転登記（一戸建ての特定認定長期優良住宅の移転登記にあっては、1,000分の2となります。）	1,000分の1	同上
④認定低炭素住宅の所有権の保存登記等（措法74の2）	個人が、令和６年３月31日までの間に、低炭素建築物で住宅用家屋に該当するもの（以下「認定低炭素住宅」といいます。）を新築または建築後使用されたことのない認定低炭素住宅の取得をし、自己の居住の用に供した場合の保存または移転登記	1,000分の1	同上
⑤特定の増改築等がされた住宅用家督の所有権の移転登記（措法74の3）	個人が、令和６年３月31日までの間に宅地建物取引業者により一定の増改築等が行われた一定の住宅用家屋を取得する場合における当該住宅用家屋に係る所有権の移転登記	1,000分の1	同上
⑥住宅取得資金の貸付け等に係る抵当権の設定登記（措法75）	個人が、令和６年３月31日までの間に住宅用家屋の新築（増築を含む。）または住宅用家屋の取得をし、自己の居住の用に供した場合において、これらの住宅用家屋の新築もしくは取得をするための資金の貸付け等に係る抵当権の設定登記	1,000分の1	同上

（注）上記の軽減税率の適用を受けるには、床面積が50平方メートル以上であることや、新築または取得後1年以内の登記であること等一定の要件を満たす必要があります。

3 不動産取得税のしくみ

土地や建物を「取得」したことについて課税される

◆登記すれば納税通知書が送られてくる

不動産を取得したときにかかる税金としては、登録免許税のほか、**不動産取得税**もあります。

文字どおり、不動産を取得したときに課される都道府県税です。

こちらは、登記をする人もしくはその代理人としての司法書士が税額を算定して納税する登録免許税とは異なり、賦課課税制度です。つまり、通常は課税当局である都税事務所または道府県が計算をしてくれて払う税金となります。

したがって、「このような不動産を取得しました」と申告をした後は、ただ待っていて通知が来たら払う、という対応でよいでしょう。

なお、たとえば東京都内の場合であれば、不動産を取得した日から30日以内に、その土地や家屋の所在地を所管する都税事務所に申告する必要があります。神奈川県の場合は10日以内の申告となっているなど、自治体により申告期限が異なるので、各自治体に確認してください。

実態としては、移転登記があれば課税当局側も不動産取得税課税に必要な手続きを講じるのですが、本来は地方税法の規定に基づき不動産を取得した人に申告の義務があり、まれに課税当局側にとって「申告されないと判断に迷う事項（その結果、特例の適用漏れになる可能性もある）」もあるそうですので、申告期限内に申告するに越したことはないでしょう。

◆相続での取得にはかからない

なお、相続で取得した場合など、一定の場合は不動産取得税は課税されません。この点、登記という事務手続きの対価としての登録免許税とは性質が

異なります。

　その代わり、あくまでも「不動産の取得」という行為そのものに際して発生するものであるため、登記しているか否かは関係ないですから、未登記建物にも課税される点に留意いただければと思います。

　また、新築住宅や中古住宅を取得した場合などは、一定の負担軽減の制度があります

　不動産を取得した際には不動産取得税が課せられる場合があり、申告の必要もあると理解しておけばよいでしょう。

◉不動産取得税の流れ◉

ある人が不動産を取得した

> 不動産を取得した

> 不動産取得税の課税対象であるか否かを判断する。
> 相続による取得のように課税対象ではない取得もある

不動産取得税の課税対象である　　不動産取得税の課税対象ではない

> 各自治体に申告期限までに不動産を取得した旨の申告
> ※取得の形態によっては、各種専門家が代わりに手続きを進めてくれる場合もあるが、その場合であっても手続きをしたか否かを確認する。

> 何もしないでよい

> 各自治体からの納税通知を待って、納税する

4 不動産取得税の税額の算定

土地も建物も固定資産税評価額をもとに算定される

　不動産取得税も登録免許税と同様、固定資産税評価額（固定資産税や都市計画税の計算の際に出てくる固定資産税課税標準額ではない）に税率を乗じて計算されます。実際に取得した時の売買価格等は無関係です。

　具体的には、本来は $\boxed{その年（暦年）の固定資産税評価額×税率}$ で不動産取得税は算定されます。税率は本来は、原則として土地も建物も4％です。

　ただし、一定の要件に該当する住宅用途の土地や建物の場合は、一定の減免の特例の制度があります（63ページ）。

◆減免の特例がある場合は「0円」になることも

　減免の特例がある場合の不動産取得税の計算は、土地については一定の算式（後述）で計算した控除税額を、税額から差し引く形で計算します。税額控除の結果として不動産取得税が「0円」の場合も多いと思われます。

　また、減免の特例がある場合の建物の不動産取得税は、$\boxed{（その年（暦年）の固定資産税評価額－控除額）×税率}$ で算定されます。控除額が大きいため、こちらも結果として不動産取得税が「0円」の場合も多いと思われます。

　なお、不動産取得税は「暦年」の固定資産税評価額をもとにしますので、たとえば令和5年3月15日の登記申請では、令和5年1月1日時点の固定資産税評価額を用いることとなります。

　このため、同じ取引であっても1〜3月の取引の場合、登録免許税と不動産取得税では固定資産税評価額が異なる場合があります。

　土地や建物についての不動産取得税は上記のイメージで計算する旨を理解すればよいでしょう。

不動産取得税の税率と課税標準額

税率も課税標準額も軽減措置がある

　前項で、不動産取得税の税率は土地も建物も原則４％と述べましたが、令和６年３月31日までの取得であれば、土地と住宅家屋については**３％に軽減**されています。

　下図は東京都の例ですが、他の自治体もおおむね同様だと思われます。

◆課税標準額にも軽減措置がある

　不動産取得税における課税標準額は登録免許税と同様、固定資産税評価額となります。固定資産税・都市計画税の計算における固定資産税（都市計画税）課税標準額ではありません。

　また、令和６年３月31日までに宅地を取得した場合、その宅地等（宅地および宅地評価された土地）の課税標準額は**1/2に減額**されます。

　筆者の個人的見解ですが、実態として毎年この制度は延長されているので、高い可能性で令和６年４月以降も同様の制度が適用されると思われます。

　宅地および住宅家屋の課税標準額（固定資産税評価額）は1/2に軽減されますので、実態としては宅地および住宅家屋の不動産取得税の税率は３％ではなく1.5％になると考えて差し支えないでしょう。

●不動産取得税の計算方法●

取得した不動産の価格（課税標準額）※1×税率※2
※１　令和６年３月31日までに宅地等（宅地及び宅地評価された土地）を取得した場合、当該土地の課税標準額の1/2となります。
※２　税率は以下のとおりです。

取得日	土地	家屋（住宅）	家屋（非住宅）
平成20年４月１日から令和６年３月31日まで	3／100		4／100

※課税標準額が土地は10万円未満、建物は新築増築改築は23万円未満、それ以外は12万円未満の場合については免税となります。
（東京都の都税事務所のサイトより）

6 住宅や宅地には軽減措置がある

さまざまな軽減措置で不動産取得税がかからないケースも

◈宅地についての軽減措置

宅地については、新築戸建住宅の場合で床面積が50㎡以上240㎡以下（貸家で戸建住宅以外の住宅は40㎡以上）の敷地であるなど、一定の要件を満たす場合は、以下の控除の制度があります。

住宅用の土地の取得に係る軽減の計算方法

【減額額】次のア、イのいずれか高いほうの額が土地の税額から減額されます。

ア　45,000円

イ　土地1㎡当たりの価格×住宅の床面積の2倍（1戸当たり200㎡を限度）×住宅の取得持分×3％

〈留意点〉

・イ「土地1㎡当たりの価格」は固定資産評価額を地積で除して得た額です。
　　また、宅地や宅地比準土地の場合は、固定資産評価額に1／2を乗じた後の価格とします。

・当該住宅の当初税額が減額額未満の場合はその額を限度とします。

【税額の算出方法】

住宅の価格 × 税　率 ＝ 当初税額

当初税額 － 減額額 ＝ 税額

(東京都の都税事務所のサイトより)

ここでいう「住宅の価格」とは固定資産税評価額となります。また、「住宅の取得部分」とは、たとえばある人が持分の一部を取得したら、その持分割合を乗じるとの意味です。

また、「3％」は本来の不動産取得税の税率で、現在は税率が1/2となっていますので、それとの整合性をとるため留意点記載のとおり固定資産評価額に1/2を乗じる構造となっていると考えられます。

◆建物（住宅）についての軽減措置

住宅については、一定の床面積要件を満たす新築住宅について、以下のような軽減措置があります。

以下の床面積要件を満たす新築住宅は、住宅の価格から一定額が控除されます。

	下限		上限
	一戸建の住宅	一戸建て以外の住宅	
貸家以外	50㎡以上	50㎡以上	240㎡以下
貸家	50㎡以上	40㎡以上	240㎡以下

〈留意点〉
- 「一戸建以外の住宅」とは、マンション等の区分所有住宅又はアパート等構造上独立した区画を有するもの
- 現況の床面積で判定しますので、登記床面積と異なる場合があります。
- マンション等で共用部分がある場合、当該共用部分の床面積を専有部分の床面積割合によりあん分する
- 併用住宅の場合、住宅部分の床面積で判定します。

【控除額】
1,200万円

〈留意点〉
- 当該住宅の価格が1,200万円未満の場合はその額を限度とします。
- 一戸建以外の住宅については、独立した区画ごとに控除されます。
- 併用住宅の場合は、非住宅部分からは控除されません。
- 認定長期優良住宅の場合は、控除額が1,300万円となります。

【税額の算出方法】
（住宅の価格－控除額）× 税率 ＝ 税額

（東京都の都税事務所のサイトより）

その他、中古住宅についても、次の図のような軽減措置があります。

◆住宅の不動産取得税は高額にはならないことが多い

現実問題として、一定規模の要件を満たす通常の住宅を取得した場合、土地についても建物についても十分に減免の制度があるため、結果として不動産取得税がかからない場合も多いのではないかと思います。

●居住用の中古住宅を取得したときの不動産取得税の軽減制度●

　次のアからウの要件をすべて満たす中古住宅を取得した場合は、住宅の価格から一定額が控除されます。

耐震基準に適合する中古住宅を取得する場合

【要件】以下のアからウのすべてを満たすこと

ア	居住要件	個人が自己の居住用に取得した住宅であること（住宅以外であった家屋を住宅にリフォームする場合は、取得前に当該リフォームが完了している必要があります。）	
イ	床面積要件	50㎡以上　240㎡以下	
ウ	耐震基準要件（①②のいずれか）	① 昭和57年1月1日以降に新築されたものであること	② 昭和56年12月31日以前に新築された住宅で、建築士等が行う耐震診断によって新耐震基準に適合していることの証明がされたもの（ただし、当該証明に係る調査が取得日前2年以内に終了しているものに限る。）

〈留意点〉
・イについては、現況の床面積で判定しますので、登記床面積と異なる場合があります。
・マンション等で共用部分がある場合、当該共用部分の床面積を専有部分の床面積割合によりあん分した床面積が含まれます。
・併用住宅の場合、住宅部分の床面積で判定します。

【控除額】当該住宅の新築された日に応じた額が、住宅の価格から控除されます。

新築された日	控除額
平成9年4月1日以降～	1,200万円
平成元年4月1日～平成9年3月31日	1,000万円
昭和60年7月1日～平成元年3月31日	450万円
昭和56年7月1日～昭和60年6月30日	420万円
昭和51年1月1日～昭和56年6月30日	350万円
昭和48年1月1日～昭和50年12月31日	230万円
昭和39年1月1日～昭和47年12月31日	150万円
昭和29年7月1日～昭和38年12月31日	100万円

〈留意点〉
・昭和56年12月31日以前の新築については、上記ウ②の要件を満たさなければ控除されません。
・昭和29年6月30日以前に新築された住宅の場合、上記要件を充足していたとしても控除されません。
・当該住宅の価格が控除額未満の場合はその額を限度とします。
・併用住宅の場合は、非住宅部分からは控除されません。

【税額の算出方法】
（住宅の価格－控除額）×税率＝税額

（東京都の都税事務所のサイトより）

前述の計算式に基づくと、通常は土地面積の半分以上の住宅の床面積があれば実質的に無税となるため、戸建住宅で２階建以上の建物は、建物の規模がよほど小さくない限りは不動産取得税がかからない場合も多いと思われます。

　したがって、比較的庭の狭い住宅や、要件を満たす区分マンションの１室の場合、土地についての不動産取得税は事実上、かからない場合も多いのではないかと思います。ただし、平家や戸建住宅であっても庭部分が大きかったり、２階以上がわずかの場合は不動産取得税が必要な場合も考えられますが。

　同様に、住宅用途の建物についても、十分に控除の制度があり、建物の評価額にもよりますが、特に新築時はそもそも固定資産税評価額自体が通常の市場価格よりも低く（おおむね半額程度）見ることもあって、1,200万〜1,300万円の控除があれば、よほどの豪邸でもない限り建物の不動産取得税の課税標準額は少なくなる（場合によっては０円となる）ことが多いと思われます。

　したがって、住宅の場合は、１戸当たりの床面積がよほど小規模もしくは大規模でない限り、不動産取得税について過度の心配は不要なことも多いと考えられます。

　なお、区分マンションの場合はマンション全体の敷地を全区分で按分するため、要件さえ満たしていれば不動産取得税の計算上は１区分当たりの敷地は非常に少なく見ることから、土地については実質的に負担がなくなる（建物の面積に比して１戸当たりの土地面積が小さいため）ことが多い点も申し添えます。

　また、区分マンションの建物についても、一棟全体の建物を各区分で按分して建物の固定資産税評価額を算出するため、一棟全体の建物価格は大きくとも、１区分当たりの固定資産税評価額は、（筆者の経験上）よほど広いマンションでない限りは控除額の1,200万円を超えるケースは少ないと感じています。

不動産を取得したら本来は不動産取得税がかかり、固定資産税評価額に税

率を乗じて税額を求めるが、その税率は宅地等は実質的に1.5％、住宅用途の建物は３％、住宅以外の建物は４％であり、さらに一定の要件を満たす住宅には控除の制度があり、なかには事実上０円となる場合も多い旨を理解しておけばよいでしょう。

7 売買契約書には印紙税がかかる

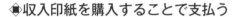

契約金額によって印紙税額は異なる

◆収入印紙を購入することで支払う

不動産を売買した際は、当然のことながら売買契約書が締結されます。その際、契約書には印紙税が課税されます。

具体的には、法務局や郵便局等で収入印紙を購入の上で、これを契約書に貼付する形となります。

印紙税は、契約書に記載された契約金額が高額であるほど、税額も高額となります。

◆複数の契約書があれば、それぞれにかかる

建物の建築等の建物建築工事請負契約書（建設工事の請負に関する契約書）についても、契約書の記載された金額に応じて、契約書には収入印紙を貼付する必要があります。

また、契約書ごとに印紙は必要ですので、契約書を複数作成する場合は、それぞれに印紙は必要です。

ただ、現実問題として、複数の契約書に印紙を貼付するのはもったいないでしょう。そこで、宅建業者等の実務では、契約書の原本1部のみに印紙を貼付して買主に交付し、特約条項にその旨を記載した上で、コピーを売主に交付するという取扱いをすることも多いようです。

◆領収書にも課税される

ちなみに、領収書の場合も領収額が5万円以上であれば印紙は必要です。

ただ、筆者も余計な印紙税は払いたくありません。しかし、筆者の報酬に領収書を発行するとなると、たいていは領収する額は5万円を超えますので、

そこにも印紙税が生じかねません。

そこで、筆者の場合は、請求書で「銀行口座への払い込みの記録をもって領収書に替えさせて頂きます」と明記しておき、領収書がどうしても必要との要請があった場合は、まず「印紙税が別途かかりますがよいですか?」と尋ねた上で、印紙税はお客様負担としています。

不動産賃貸等でも、家賃振込等でうっかり領収書を発行すると印紙税がかかりかねませんので、筆者のような対応で印紙税の負担を減らすのも一案と思います。

一定の額以上の不動産売買の契約締結時には印紙税も必要と理解しておけばよいでしょう。

●売買契約書の印紙税額●

土地建物売買契約書などの不動産の譲渡に関する契約書のうち、契約書に記載された契約金額が10万円を超えるもの
（例）建物の譲渡（4,000万円）と定期借地権の譲渡（2,000万円）に関する事項が記載されている契約書の場合、その契約金額は6,000万円（建物4,000万円＋定期借地権2,000万円）ですから、印紙税額は30,000円となります。

記載された契約金額		税額
10万円を超え	50万円以下のもの	200円
50万円を超え	100万円以下のもの	500円
100万円を超え	500万円以下のもの	1千円
500万円を超え	1,000万円以下のもの	5千円
1,000万円を超え	5,000万円以下のもの	1万円
5,000万円を超え	1億円以下のもの	3万円
1億円を超え	5億円以下のもの	6万円
5億円を超え	10億円以下のもの	16万円
10億円を超え	50億円以下のもの	32万円
50億円を超えるもの		48万円

※減税税率の対象となる令和6年3月31日までに作成される契約書を前提とする　　（国税庁のサイトより）

●建物建築工事請負契約書の印紙税額●

（例）　建物建設工事の請負（5,000万円）と建物設計の請負（500万円）に関する
　　　事項が記載されている契約書の場合、その契約金額は5,500万円（建物建設
　　　工事5,000万円＋設計500万円）ですから、印紙税額は30,000円となります。

記載された契約金額		税額
100万円を超え	200万円以下のもの	200円
200万円を超え	300万円以下のもの	500円
300万円を超え	500万円以下のもの	1千円
500万円を超え	1,000万円以下のもの	5千円
1,000万円を超え	5,000万円以下のもの	1万円
5,000万円を超え	1億円以下のもの	3万円
1億円を超え	5億円以下のもの	6万円
5億円を超え	10億円以下のもの	16万円
10億円を超え	50億円以下のもの	32万円
50億円を超えるもの		48万円

※減税税率の対象となる令和6年3月31日までに作成される契約書を前提とする　　　　（国税庁のサイトより）

まだ固定資産税のない新築建物の登録免許税は？

　固定資産税評価額に税率を乗じて各建物の登録免許税の額を算定すると書きましたが、なかには新築ほやほやで、まだ課税当局が建物の固定資産税評価額を評価していない場合があります。

　そのような場合に備え、法務局では管轄ごとに新築建物課税標準価格認定基準表を用意しています。つまり、これに基づき建物の延床面積（各階の床面積合計）を乗じて仮の評価額を算定し、登録免許税の税額を算定することとなります。

◉令和３年度の東京法務局管内の新築建物課税標準価格認定基準表◉

東京法務局管内新築建物課税標準価格認定基準表

（基準年度：令和３年度）

（１平方メートル単価・単位：円）

種類＼構造	木造	れんが造・コンクリートブロック塗	軽量鉄骨造	鉄骨造	鉄筋コンクリート造	鉄骨鉄筋コンクリート造
居宅	102,000	－	114,000	124,000	158,000	－
共同住宅	110,000	－	114,000	124,000	158,000	
旅館・料亭・ホテル	94,000	－	－	170,000	170,000	
店舗・事務所・百貨店・銀行	72,000	－	63,000	135,000	152,000	
劇場・病院	78,000	－	－	170,000	170,000	－
工場・倉庫・市場	55,000	59,000	61,000	91,000	92,000	
土蔵	－	－	－	－	－	
附属家	61,000	65,000	68,000	101,000	102,000	

相続・贈与で土地・建物を
もらったときの税金

相続において、もっとも大きな割合を占める遺産が
土地や建物です。土地や建物の相続税について、税
額の計算や財産評価の仕方、税金が安くなる特例な
どをみていきましょう。

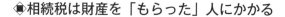

1 相続する「財産」を確認しよう

まず財産や債務の内容がわかる資料を用意する

◈相続税は財産を「もらった」人にかかる

この章では、相続税について説明したいと思います。

相続税とは、高額の財産をお持ちであった方が亡くなった場合に、その額に応じてその財産を相続、つまり「財産をもらった」方に課される税金です。

相続税の計算の仕方は後述しますが、この項では、「相続税に関して、まず何をすればよいか」を説明したいと思います。

結論からいうと、いの一番にしていただきたいのは、相続する財産の内容がわかるような資料を準備していただくこととなります。

亡くなった方（被相続人）が亡くなった時点を相続発生時点といいますが、相続税は「相続発生時点に亡くなった方がお持ちであった財産」に課される税金ですので、「相続発生時点の財産や、マイナスの財産である債務等」の内容や金額のわかるものを、まずは用意するとご理解いただくのがよいでしょう。

なお、筆者が相続税の申告案件の際にご依頼者に通常お願いする資料のリストを75〜76ページに掲げおきました。これ以外にも特殊なケースで別の資料をお願いする場合もありますが、万が一の際は、実際に直面するといろいろと負担がかかりますので、心労にならない範囲で、できれば一部だけでも生前からこのリストに従い必要資料を準備されるとよいのでしょう。

◈相続税の申告期限は10か月

なお、配偶者や子供等の「財産をもらった人（相続人）」の相続税に関する申告期限は、「相続があったことを知った日から10か月」です。通常は、「被相続人（亡くなった方）が亡くなった日＝相続があったことを知った日」で

すが、筆者も経験がありますが、親戚間で仲が悪かったり、あるいは隠し子であった等の理由で、被相続人が亡くなったことを他の相続人に知らせていなかった場合もあります。

ただ、これはまれなケースですので、**相続税の申告期限は亡くなった日から10か月以内であると理解しておけばよいでしょう。**

とはいえ、その後の手続きや不測の事態の発生もあり得るので、「10か月もある」と悠長にかまえず、早期に用意するに越したことはないでしょう。

◉相続税申告に際して必要な資料の例◉

（筆者が通常の相続税申告でお客様にお願いしているもの）
依頼資料一覧（相続税申告）

	分類	書類名	留意点	確認欄
1	相続関係説明図	戸籍関係一式	下の書類の取得をお願いいたします。 ・被相続人様の出生から死亡の戸籍 ・被相続人様の住民票の除票 ・相続人（全員）の戸籍謄本、住民票（マイナンバー記載なし）、印鑑証明書 ＊司法書士に取得を依頼することもできますので、その場合にはご連絡を頂けますと幸いです。	
2	土地・建物	固定資産税の課税明細書	令和4年分の固定資産税の課税明細書をご用意ください。 ＊毎年4～5月頃に市区町村から送付される書類で、所在地、地積、評価額などの記載された書類です。	
3	有価証券、公社債、投資信託（ある場合）	残高証明書	相続発生日時点での残高証明書をご用意ください。	
4		残高証明書	相続発生日時点での残高証明書をご用意ください。	
5	預貯金	通帳コピー（取引確認）	お手元の通帳を過去3年分程度、ご用意ください。（ある分のみで構いません。） ※過去3年分としているのは、直近3年以内に被相続人から相続人へ贈与されていた財産は、相続税の計算では「贈与がなかった扱いにしてその贈与財産も相続財産に含めて相続税を計算する代わり、その贈与に係る贈与税は還付される」扱いだからです。つまり、通帳から3年以内贈与の有無を把握するためなのです。 　しかし、現在、令和5年の税制大綱で発表されている内容としては、過去3年分としていたのが過去7年分と改正されるとのことですので、ご用意頂く預貯金も通帳もそれに合わせて過去7年分と変更するかと思います。	

	その他財産	還付金など	相続発生日以降に支給される金額がわかる書類をご用意ください。 ・介護保険料還付金の通知 ・後期高齢者医療保険料還付金の通知 ・高額療養費支給決定通知書 ・その他（ある場合）	
7	生命保険 （ある場合）	支払通知書	**生命保険金の受取時に送付される通知書をご用意ください。**	
8		納税通知書、領収書	納税通知書、領収書（令和元年～5年分）をご用意ください。 ・住民税 ・固定資産税 ・その他（ある場合）	
9	債務	医療費、介護費用などの領収書	相続発生日以降に支払った医療費、介護費用、諸経費の領収書をご用意ください。	
10		諸経費の領収書	相続発生日以降に支払った、クレジットカード代金、レンタル料、新聞代、その他の諸経費の領収書をご用意ください。	
11		光熱費の領収書	相続発生日までの光熱水費について、相続発生日以降に支払った分の領収書などをご用意ください。	
12	葬式費用	葬式費用の領収書など	・葬儀費用の領収書や金額のメモ（心付け・お布施など）をご用意ください。 ・納骨費用の領収書やメモをご用意ください。 ＊領収書がない場合は、名称、金額のメモで構いません。	
13	マイナンバー	マイナンバーカードをお持ちの方	マイナンバーカードの表面、裏面のコピーをご用意ください。 ＊相続人全員分が必要ですが、他の相続人の分がとれない場合はその旨をご一報ください。	
14	マイナンバー	マイナンバーカードをお持ちでない方	①マイナンバーの通知カード（コピー。または、マイナンバーの記載のある住民票。） ②身分証（コピー。運転免許証、パスポート、保険証など。）をご用意ください。 ＊相続人全員分が必要ですが、他の相続人の分がとれない場合はその旨をご一報ください。	
15	不動産関係	登記簿謄本・レントロールなど	多少古いものでももしお持ちでしたらご自宅の不動産の登記簿謄本と、建物の図面等をご提示ください。 ※ないようでしたら当方にて取得します。	

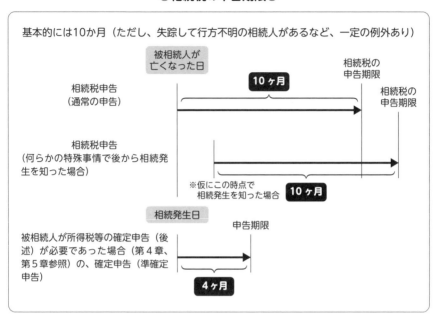

●相続税の申告期限●

基本的には10か月（ただし、失踪して行方不明の相続人があるなど、一定の例外あり）

相続税申告
（通常の申告）

被相続人が
亡くなった日

10ヶ月

相続税の
申告期限

相続税申告
（何らかの特殊事情で後から相続発
生を知った場合）

相続税の
申告期限

※仮にこの時点で
相続発生を知った場合

10ヶ月

相続発生日

申告期限

被相続人が所得税等の確定申告（後
述）が必要であった場合（第4章、
第5章参照）の、確定申告（準確定
申告）

4ヶ月

2 法定相続人と法定相続分

法律で相続人と、相続できる割合の基準が定められている

◆配偶者の法定相続割合は半分

相続人とは、民法という法律に規定される相続人をいい、仮に遺言等がないとしたら被相続人から財産を承継できる人で、配偶者、子供等が該当します。また、**法定相続割合**とは、民法という法律で定められている、「それぞれの法定相続人が、仮に遺言等がないとしたら相続できる財産の割合」です。

これらは相続税を計算する際にも重要ですので、ここで説明したいと思います。

法定相続人の基本的な考え方は以下となります。その被相続人に配偶者（夫もしくは妻）がいる場合は、配偶者は必ず法定相続人となり、法定相続割合は原則として以下となります。

---

① 子供がいる場合は、配偶者が1/2、子供は1/2を子供の数で按分

② 子供がおらず、親がいる場合は、配偶者が2/3、親は1/3取得（両親が健在なら1/6ずつ取得）

③ 子供も親もおらず兄弟姉妹がいる場合は、配偶者が3/4、兄弟姉妹が1/4を按分

その被相続人に配偶者がいない場合では、

---

① 子供がいる場合は、子供の数で財産総額を按分

② 子供がおらず親がいる場合は、財産総額を親が取得（両親が健在なら半分ずつ取得）

③ 子供も親もおらず兄弟姉妹がいる場合は、兄弟姉妹で按分

ただし、相続欠格等に該当する場合（たとえば、被相続人を殺した人など…さすがに筆者も実際にはそのような例は見たことはないですが）は相続人に含まれないこととなります。

なお、子供が先に亡くなっていて、その亡くなった子供の子供（要するに被相続人の孫）がいる場合は、その亡くなった子供に帰属する法定相続割合を、その亡くなった子供の子供である孫の数で按分します。このような「亡くなった人（この場合は子）に代わって相続する権利が生じた人（この場合は孫）」を**代襲相続人**といいます。

◆養子も実子として扱われる

また、養子も子供と見なしますので、たとえば長男の嫁が養子縁組をしていたとしたら、嫁も子供と見なします。

なお、以下の人は相続税の計算上は実子と同様に扱われます。

⑴　被相続人との特別養子縁組により被相続人の養子となっている人

⑵　被相続人の配偶者の実の子供で被相続人の養子となっている人

⑶　被相続人と配偶者の結婚前に特別養子縁組によりその配偶者の養子となっていた人で、被相続人と配偶者の結婚後に被相続人の養子となった人

⑷　被相続人の実の子供、養子または直系卑属がすでに死亡しているか、相続権を失ったため、その子供などに代わって相続人となった直系卑属

直系卑属とは子供や孫など、「その人（被相続人）の子孫」のことです。また、相続税計算上は法定相続人として扱える養子の数が、実子がいない場合は2人まで、実子がいる場合は1人までとなるため、実子か養子かは相続税の計算に影響する場合がある点も把握しておけばよいでしょう。

また、相続税の計算における法定相続人の定義上、相続放棄があった場合には、その放棄がなかったものとした場合の相続人となります。

つまり、相続税の計算上の相続人や相続分の概念は、おおもとの民法上の考え方をベースとしつつ、それを税法独自の考え方により、放棄や養子縁組があった場合にこれを微修正しているものと考えればよいでしょう。

◉法定相続人とは◉

例…亡くなった方はすでに夫と死別し、まだ生きている長女がいて、亡き長男には生きている2人の娘（つまり孫）がいる場合。

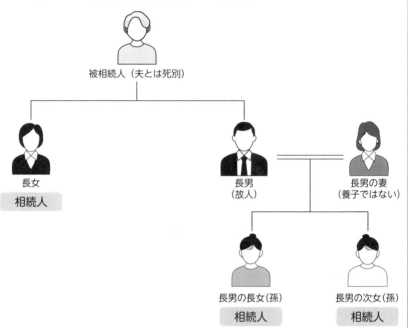

子供である長女と、すでに亡くなっている長男の娘たちが代襲相続人に該当するため、この3人が法定相続人となる。
法定相続割合は長女と長男は対等の扱いのため、長女の法定相続割合は1/2となる。
長男の長女（孫）と長男の次女（孫）も対等の扱いのため、彼女らの法定相続割合はそれぞれ1/4ずつとなる。
なお、長女に子供がいても、長女が生きているため、長女の子供たち（孫）は法定相続人には該当しない。

3 相続税の計算のしくみ

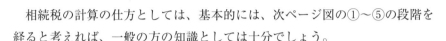

法定相続人の数によって税額はちがってくる

　相続税の計算の仕方としては、基本的には、次ページ図の①〜⑤の段階を経ると考えれば、一般の方の知識としては十分でしょう。

　段階的に説明すると、以下のような流れになります。

---

① 　亡くなった方（被相続人）が亡くなった時点でお持ちであった財産（マイナスの財産である債務は差し引き、生前贈与加算額と相続時精算課税財産を加算したもの）の総額（**課税価格**）を「相続税特有の目線」で評価し、

② 　その相続に関する法定相続人の数を把握して、**基礎控除額（3,000万円＋法定相続人の数×600万円）** を計算し、これを上記①で得られた価格から差し引いて課税遺産総額を算定し、

③ 　上記②で得られた課税遺産総額を仮に法定相続人ごとの相続分で相続したとみなして、各法定相続人に帰属する理論上の取得金額を計算し、

④ 　上記③で得られた理論上の取得金額に、あらかじめ定められた相続税率を当てはめて各法定相続人に帰属する仮税額を計算した上で、全員の仮税額を合計して「控除額を考慮する前の、その相続に関する相続税の総額」を計算し、

⑤ 　最後に上記④で得られた相続税の総額を各相続人が実際に相続もしくは一定の受贈をした課税価格の割合に応じて按分し、さらに各相続人が該当する特有の控除を差し引く等を経て各相続人の相続税額を確定する

このため、課税遺産総額が少ないほど、控除の該当が多いほど、もしくは

法定相続人が多いほど、その相続に関する相続税の総額は少なくなります。もっとも、税法上の法定相続人のベースとなる民法上の相続人が多い場合は、それだけ多くの人で財産を分割するため、各個人に帰属する財産は減りますが。

　不動産を持っていた場合は、上記①の段階でどのように不動産を評価するかが鍵となりますので、次項以降で説明したいと思います。

●相続税の計算の流れ●

（段階①）基本的には財産評価基本通達に基づき
相続発生時の「相続税計算用の便宜的な財産価値（注1）」の合計額を算出する

（段階②）その「便宜的な財産価値」から基礎控除を考慮し
課税遺産総額を計算する（注2）

（段階③）課税遺産総額について、「法定相続人が法定相続割合で相続したとみなして」
各法定相続人に帰属する理論上の取得金額を算出する

（段階④）各法定相続人に帰属する理論上の取得金額について
予め定められた税率を適用して各法定相続人に帰属する仮税額を計算し
各法定相続人の仮税額を合計して
その相続に関する相続税額の暫定の合計額
（仮税額の合計額／2割加算・各種の税額控除考慮前）を計算する

（段階⑤）その仮税額を、各相続人が実際に相続した財産の割合で按分して
それぞれの相続人に帰属する相続税額を算出する（注3）

（注1）…あくまでも「相続税計算用の便宜的な財産価値」のため、それらの財産の実際の相場等に基づく市場の実勢価格とは異なる。例えば土地の価格は相続計算上は路線価ベースで計算ができるが、路線価は実際の土地の「市場価格の8掛け」という建前（実態は前述の通り、地域により実勢価格に対する掛目が異なるのが実情）といった具合。
　　　　また、相続・遺贈で財産を取得される方が相続発生前3年以内（税制改正により、令和6年以降になされた贈与については7年になると思われます）に亡くなった方（被相続人）から贈与された財産があるときは、この財産も計算に含めます。
（注2）…基礎控除額は「30,000,000円＋法定相続人の数×6,000,000円」です。
（注3）…被相続人の一親等の血族（代襲相続人となった孫〔直系卑属〕を含む／被相続人の養子を含む。例外あり）及び配偶者以外の人の場合は、控除前の税額の2割が加算となる。按分後・2割加算考慮後の額に各種の税額控除（未成年者控除や、「配偶者の場合は法定相続分相当額か1.6億円のどちらか多い額までは事実上相続税がかからないようになる」配偶者控除等）による控除額を控除して実際の各相続人の相続税額を算出する。

　何となくでよいので相続税計算の流れをご理解いただいた上で、不動産等の財産の評価額を低くできれば、その分、相続税の負担が減る（もしくは基礎控除額以下のため相続税がかからない）旨を理解すればよいでしょう。

◉相続税の税率◉

相続税の速算表【平成27年1月1日以後の場合】

法定相続分に応ずる取得金額	税率	控除額
1,000万円以下	10%	―
3,000万円以下	15%	50万円
5,000万円以下	20%	200万円
1億円以下	30%	700万円
2億円以下	40%	1,700万円
3億円以下	45%	2,700万円
6億円以下	50%	4,200万円
6億円超	55%	7,200万円

4 相続税の基礎控除

財産の評価額が基礎控除額以下なら申告は不要

　82ページの図②で出てきた基礎控除の計算手法について説明したいと思います。基礎控除の額は、 3,000万円＋600万円×法定相続人の数 です。

　たとえば、80ページの図では法定相続人は長女、亡き長男の長女、亡き長男の次女ですから、法定相続人の数は3人となります。ですので、基礎控除額は「3,000万円+600万円×3人→4,800万円」になります。

　このため、被相続人たるお父さんが遺した財産についての「相続税計算上の便宜的な財産価値」が4,800万円以内であれば、財産評価額は基礎控除以内ですので相続税の申告は不要ということとなります。

　ただし、たとえば相続税評価額5,000万円の自宅土地があり、後述する特定居住用宅地等についての小規模宅地等の特例の適用の結果として他の財産も含めて4,800万円以内に収まるという場合でも、相続税申告書を税務署に提出しないと特例が適用されませんので相続税の申告が必要となります。

　なお、基礎控除額の計算における法定相続人は、養子は実子がいる場合は1人まで、実子がいない場合は2人までしかカウントできません。

　80ページの図で、長女に夫がいて、その夫が養子になっており、亡き長男の嫁も養子になっていたとしても、養子の数自体は2人ですが、相続税計算上は1人までしか基礎控除額算定の際の法定相続人の数に入れません。

　よって、この場合は、基礎控除額算定の段階では法定相続人を養子1人を含む4人と見なした上で、3,000万円+600万円×4人→5,400万円が基礎控除額となります。

　相続税計算上の基礎控除の額は「3,000万円＋600万円×法定相続人の数」だという点を理解すればよいでしょう。

相手方がお金を使い込んだことを
立証したい時の特効薬

　相続の話が出てきたので、不動産には直接関連しませんが、筆者がときどき相談を受けて説明している話を。

　遺産配分でもめている際に、相手方が被相続人である親御さんの財産を使い込んでいることがなんとなくわかるが、金融機関の通帳も相手方が握っているので手元になく口座の履歴がわからないため、それ以上の追及ができないなぁ……と困っている方がおられます。

　その場合、筆者が提案するのは、金融機関側からの記録の提示をお願いすることです。

　金融機関によって対応が異なりますが、戸籍や身分証明書を持参して相続人である旨を開示すれば、紙面1枚につき1,000円とかかかる場合もありますが、履歴は印刷できます。

　さらには、金融機関の対応次第ですが、遡る年限の上限を過ぎた古い時期についても、金融機関内部のデータが残っている場合もあり、こちらも入手できる場合は必要な期間分のデータを入手するとよいでしょう。

　筆者も、「通帳を握っておけば、お父さんの預金を使い込んだことなんでバレないはず」と考えていた相続人がいたのに対して、この手順で追及し、使い込みをしていた旨を明らかにしたケースを知っています。

　通帳がないからと諦めずに、上記の手順を繰り出して強く対応するとよいでしょう。

　同時に、自身が関与し得る親御さん等の口座についても、預金を引き出した場合、メモ程度でよいので何に使ったかを説明できるようにしておくとよいでしょう。相手方からも当然に、「あなたも使い込んでいるでしょ」と言われかねないので、それに反論するためです。

　筆者も、相続発生前と発生後で人格が変わる人を何人も見てきました。**「今はよい人だから」と油断をせずに、突然に人格が変わられても対応できるよう、できる範囲で対策を講じておくとよいでしょう。**

5 相続税を払う必要があるか

基礎控除や特例の適用で払わなくてもよいケースが多い

　実は、相続税は、人が亡くなった時に必ず発生するものではありません。それどころか、国税庁の統計によると、亡くなった方のうち、相続人が相続税申告書を提出したケースは、国税庁の『令和3年分　相続税の申告実績の概要』によると令和3年中に相続が発生した被相続人（死亡者）数に対してわずか9.3％でした。

　被相続人の全財産の評価額が「基礎控除額」よりも少ない場合は、そもそも相続税は払わなくともよいのです。そもそも相続税を払わなくともよいのですから、相続税申告書も提出の必要はありません。

　ただし、後述する「特定居住用宅地等についての小規模宅地等の特例」のように、「申告することで初めて特例が適用されて相続税計算上の財産評価額を低く見てくれる」ものもありますので、「低く見なければ基礎控除の枠を超えるけれど、特例で低く見てくれた結果として基礎控除内に収まる…」という場合は、相続税申告書の提出が必須です。

　遺産についての資料がそろったら、そもそも「相続税申告の必要があるのか」との点を検討することが必要ということを理解すればよいでしょう。

◉相続税がかかるか検討しよう◉

基礎控除額	相続税特有の目線で計算した 被相続人が遺した相続財産 (総財産ー債務)の財産評価額※ ※財産評価額… 82ページ図の①の段階で把握される「相続税計算用の便宜的な財産価値」を示す

基礎控除の額のほうが相続財産の額より大きければそもそも申告不要
※ただし、申告を条件に相続財産の評価額を低く見てくれて、その結果として基礎控除の額のほうが大きくなる場合は申告は必須

後述の小規模宅地等の特例(特定居住用宅地等、特定事業用宅地等、貸付事業用宅地等)は、申告を条件として適用となる。
このため、申告をしないと特例を考慮外とされて「財産総額を高く見られて、相続税が発生する」ことが考えられる。

相続財産に自宅や事業用不動産が含まれる場合は、特例がないものとして財産評価額が基礎控除額を超えるか否かを判断し、超える場合は相続税申告が必要として税理士に依頼すべきである。
※税理士に判断を委ねないと超えるか否かが微妙な場合も税理士に相談することをお勧めしたい。

遺産分割がまとまる前に申告期限がきたら……

未分割申告をし、4か月以内に修正申告もしくは更正の請求をする

◆未分割申告とは

遺産分割協議がまとまる前に、相続発生後10か月が経過した等の理由で相続税申告期限がくる場合もあります。その場合、税務署は申告期限を待ってくれるかというと、それは否です。

では、どうするのかというと、「とりあえずは、法定相続割合で相続したとみなして申告をする」こととなります。その上で、暫定で法定相続割合に基づき算定された税額で納税をします（**未分割申告**といいます）。

そして、後日、相続割合が確定した段階で改めて、確定した内容に修正したものを、4か月以内に修正申告もしくは更正の請求をすることとなります。

◆「代償金」に注意する

ここで注意すべきは、代償金についてです。代償金とは、「不動産や株など、法定相続分より多くの財産を取得した相続人からこれを下回る財産しか取得しなかった相続人に支払われる遺産分割の調整金」です。

相続発生後に得られた賃貸不動産の家賃に基づく稼ぎや株の配当等、「相続発生前にはまだ存在しなかった、相続発生後に遺産から生じた利益」である金銭が、遺産分割が決まった際に収受されていることがありますが、相続税はあくまでも相続発生時点の財産評価額で計算するため、これらの利益（法律用語で果実といいます）は相続税の課税対象としての財産には含まれません。

したがって、代償金については、単に実際に収受された額そのものを相続税申告書に反映するのは間違いで、収受した金銭の内容を分析し、「純粋な遺産分割の調整金としての代償金」のみを計上すべきです。

●未分割申告の場合●

その相続に相続税が発生する場合
相続があったことを知った日から
10か月以内に申告義務がある

⬇

遺産協議がまとまらず
未分割だからといっても税務署は
申告期限を待ってくれないので
「とりあえずは法定相続割合で分割した」
ものとみなして
申告し納税する
（未分割申告）

⬇

遺産分割がようやくまとまった

⬇

分割協議がまとまった時点から4か月以内
（更正の請求の期限）にその遺産分割の内容に
即した修正申告もしくは更正の請求を行う

（通常は）税理士に申告業務を委ねることとなる

本来は、遺産争い中に隠し財産が出てきた場合はその都度、修正申告の必要があり

⬇

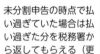
未分割申告の時点で払い過ぎていた場合は払い過ぎた分を税務署から返してもらえる（更正の請求という）

未分割申告の時点で払った額より修正申告での税額が多くなった場合は追加で納税する

　なお、不誠実な相続人がいた等の理由で、遺産分割の過程で隠し財産が判明することもあります。本来は、その隠し財産が判明した段階で相続税申告も修正すべきとなります。

　ただ、現実問題として、当事者も気が付かず（いちいち税理士にも連絡しないし税務署もそこまではわからない）、そのまま税務上の時効の5年が経過し、課税対象でなくなるというケースもなくはないのですが……。

◉自筆証書遺言と公正証書遺言が一般的

被相続人が生前、「自分が天に召されたら、残された財産を相続人たちにこのように配分してほしい（もしくは遺贈といって、相続人ではない人に財産を贈る場合もあります）」と指示したものが遺言となります。

遺言にはいくつか他にも種類がありますが、実務上よく目にするのは

① **自筆遺言**

② **公正証書遺言**

の2つが多いのではないでしょうか。

自筆遺言とは、文字どおり、自筆で財産（遺産）の配分内容を記載した遺言です。

ただし、一定の要件を満たさないと有効とされません。また、法律の素人が書くため、文言の書き方が曖昧であるために利害の対立する相続人や受遺者それぞれが自分の都合のよい解釈をする等の理由で、遺産争いに移行してしまうケースもあります。

手間や特段の出費を負担せずに作成できる点だけはメリットですが、争いのもとになりかねない自筆遺言はお勧めしません。

公正証書遺言は、公証人役場にいる公証人という専門家が、本人（遺言をする人）の希望を聞いたうえで、利害関係のない2人の証人の同席の下で作成する遺言です。

専門家が作成する遺言ですので、若干の手間と、（よほど財産規模が大きくない限りは数万円程度ですが）手数料が生じるデメリットはありますが、後述する遺留分の問題さえなければ遺産争いはまず生じません。そのため、筆者が遺言作成の相談を受けたときは必ずこちらをお勧めしています。

遺言がない場合は、遺産の分配は法定相続割合が基本となります。

一方で、仮に有効な遺言があったとしても、法定相続人全員の合意があれば、基本的には遺言の内容や法定相続割合に寄らず、その合意の内容で相続できる点もご記憶いただければと思います。ただし、債務がある場合に「債務だけを借金まみれで総財産がマイナスの相続人に寄せて、プラスの財産を一定の財産を有する相続人に寄せる」といったことはできない等の若干の例外はありますが。

遺言には公正証書遺言がお勧めという点を理解すればよいでしょう。

●公正証書遺言の例●

＊＊＊＊（公）＊＊＊＊＊＊＊（証）＊＊＊＊＊＊（人）＊＊＊＊＊（役）＊＊＊＊＊＊（嘱）＊＊＊＊＊＊

平成 ＿＿ 第 ＿＿ 号　　　　正本

遺　言　公　正　証　書

公証人 ＿＿＿＿ は，後記遺言者の嘱託により，証人 ＿＿＿＿ 氏，同 ＿＿＿＿＿ 氏の立会のもとに，遺言者の口述を以下のとおり記録して，この証書を作成する。

第1条〔＿＿＿＿＿ に相続させる財産〕　遺言者は，相続開始の時に次の各財産を所有するときは，これを遺言者の長女 ＿＿＿＿ に相続させます。――――――

⑴ ＿＿＿＿＿ 株式会社の株券　全株――――

⑵ ＿＿＿＿＿ 株式会社の株券　全株――――

⑶ ＿＿＿＿＿ 株式会社の株券　全株――――

第2条〔＿＿＿＿＿ に相続させる財産〕　遺言者は，相続開始の時に次の各財産を所有するときは，これを長男 ＿＿＿＿ に相続させます。――――

◆相続でも不動産取得税がかかる場合も

相続の場合は不動産取得税は発生しませんが、相続人以外への特定の財産の遺贈（亡くなったことを機に他人に財産を贈って、その他人がその財産を受け取ること）の場合は、不動産取得税が生じる点は注意すべきでしょう。

また、遺贈の場合は個人のみならず法人にも贈ることができ、金銭以外に不動産等の財産も贈れます。この場合は「いったん、その不動産を売って、これを贈る」という扱いとなります。このため、受け取った法人の側も不動産取得税がかかるほか、後述する所得税等の負担も生じる点は留意すべきでしょう。

●自筆証書遺言と公正証書遺言の比較●

	メリット	デメリット
自筆遺言	・思い立ったときに短時間で作成できる ・作成に伴う出費が少ない	・せっかく遺言を作成しても、要件を充たさず無効となる場合があり得る ・遺言者本人という素人が作成するため、文言が曖昧になる等の理由で複数の解釈の余地が生じる結果、結局は遺産争いとなりかねない ・裁判所で検認の手続きを経る必要がある
公正証書遺言	・公証人というその道のプロが作成するため、遺留分の問題がない限り、まず遺産争いに移行せず、相続人同士が円満かつ裁判費用等の余計な支出を負担せずに相続ができる	・作成に一定期間を要する（通常は公証人役場との予約・調整等を含めて2～3か月程度は要すると考えてよい） ・若干の作成費用が生じる（よほど高額な遺産でない限り、数万円程度）

※筆者個人の見解ですが、公証人役場への数万円をけちって自筆証書遺言にしたものの争いが生じて高額の裁判関連費用を払うよりも、公正証書遺言のほうが合理的と考えています。また、こうすることで、遺された相続人同士の人間関係の無用な悪化を防ぐメリットもあります。多くの親御さんは、自分が亡くなった後も子供たちが兄弟姉妹、末永く仲良くすることを願っていることでしょうから、きっとこのほうがよいのではないでしょうか。

上手な士業への依頼の仕方とは

　筆者が税理士や不動産鑑定士として相続関連のご依頼者にお目にかかると、ときどき「弁護士が思うとおりに動いてくれなくてね……」という方がおられます。

　税理士は極力税金を少なく、かつ適正に申告をすればよく、不動産鑑定士は不動産鑑定評価基準に従いその不動産の公正価値を決定すればよいですが、弁護士となると相手方との交渉が入ります。

　話を聞いてみると、なかには弁護士にご自身の希望を十分に伝えきれていない場合も多いと感じています。

　これは筆者の私見ですが、弁護士をはじめ各士業への「頼み方」があると思っています。

　たとえば税理士であれば、「多少判断が怪しい部分があったとしても税額が極力少なくなる申告をしてほしい（たとえ後日に税務署に否認されて延滞税や過少申告加算税を課せられるリスクがあっても）」と伝えるのか、「変に税務署ともめると自分の社会的地位的に問題が生じるから、多少税額が高くなってもよいので安全策の申告をしてほしい」伝えるのかで、申告内容も変わってきます。

　筆者は弁護士ではありませんが、弁護士だって、おおむね同様のことがいえるでしょう。

　士業だって人間です。依頼者の希望を伝えていただかないとわかりません。もっとも、筆者の場合はこちらから「どうしたいのか」を聞くことにしていますが。

　各士業に依頼する際は、「ご自身の希望を十分に伝えて、その希望に応じてくれるか」という「頼み方」が実は重要です。どうせ依頼するのであれば、「頼み方」も工夫して依頼をしてみてはいかがでしょうか。

公正証書遺言で完璧な遺言を作成したとしても、その内容が通らない場合があります。それは、「遺留分を侵害されている場合」です。

民法では、ある方が亡くなった場合、その配偶者や子供（代襲相続人である孫なども含む）の法定相続人には、「その相続で最低限確保が約束される額」が権利として保障されています。これを遺留分といいます。

遺留分は、配偶者や子供（子供やその代襲相続人がおらず親がいる場合は親も）の法定相続割合の1/2です。

ある相続人に「全財産をあげる」という内容の公正証書遺言があったとしても、他の相続人から遺留分の請求を受けたら、その分は渡さざるを得ないのです。

したがって、遺言作成に際しては、できる限り、将来の相続発生時に配偶者や子供に対して遺留分をめぐるトラブルが発生しないような内容にするのがよいでしょう。

なお、法定相続割合や遺留分の計算は、相続税計算上の便宜的な価値（相続税上の財産評価額）ではなく、純粋なこれら財産の市場価値で判断されます。遺留分の判断の計算は相続税額の計算とは無関係であるため、相続税計算上の便宜的な価値とも無関係だからです。

このため、不動産が遺産に含まれる場合の、裁判所のその不動産の価値の判断は、財産評価基本通達に基づく評価額は判断基準として直接は採用せず、不動産鑑定士による鑑定評価額等に依拠します。なかには簡便法として、実務上は財産評価基本通達に基づく評価額から一定の補正をした額を扱おうとする場合もなくはないですが、あくまでも簡便的な扱いに過ぎず、それで争いがまとまらない場合は最終的にはやはり鑑定評価に依拠することとなるでしょう。

まずは、遺留分というものがあるとの点を理解すればよいでしょう。

●遺留分のイメージ●

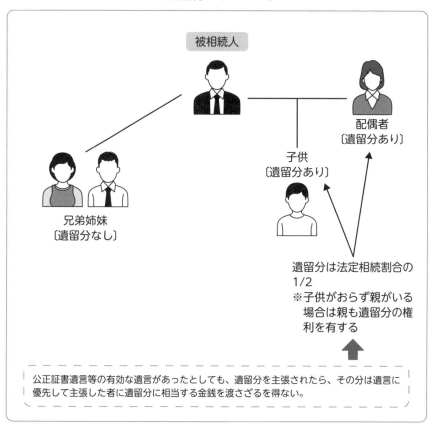

被相続人

配偶者
〔遺留分あり〕

子供
〔遺留分あり〕

兄弟姉妹
〔遺留分なし〕

遺留分は法定相続割合の
1/2
※子供がおらず親がいる
　場合は親も遺留分の権
　利を有する

公正証書遺言等の有効な遺言があったとしても、遺留分を主張されたら、その分は遺言に優先して主張した者に遺留分に相当する金銭を渡さざるを得ない。

相続税における土地の評価

宅地は相続税路線価または倍率方式で評価する

　本書は不動産の税金に関する書籍ですので、相続税の説明についても不動産の話を中心に進めたいと思います。

　土地（宅地）の相続税評価はどうするかという話ですが、たとえば仮に「その人が昔、その土地を買ったときに支払った価格」とすると、都心の一等地なのに親が戦前買ったとの理由で10万円と評価される一方で、2年前に購入した郊外の平凡な戸建住宅の土地が3,000万円と評価されるといった場合が生じるなど、明らかに不公平になります。

　このような背景に配慮して、相続税法22条では、不動産に限らず被相続人の遺した財産は「相続発生時の時価で」評価するとされています。

　しかし、すべての不動産について、いちいち時価を把握するために不動産鑑定士に鑑定評価を依頼しようにも、負担が大き過ぎます。

　そこで、国税庁の財産評価基本通達に基づく評価方法では、使用頻度が高そうな都市部の土地についてはあらかじめ「**相続税路線価**」を毎年用意して、これに基づき「相続税申告用に財産を評価できる」よう配慮しています。

　なお、地方の地価があまり高くない宅地や農地、林地等では、路線価が定められていません。その代わり、**倍率方式**といって、あらかじめその土地に対する倍率が毎年定められており、その土地の固定資産税評価額に倍率を乗じて相続税申告上の財産評価額とする流れとなっています。

　しかも、このような財産評価基本通達に基づく土地の評価額は特別な事情がない限りは時価（不動産鑑定士による鑑定評価額）より低額なことが通常です。ですので、通常は鑑定評価額によらずこちらで申告することとなります。

**　通常は相続税申告に際しての土地の価値評価は、相続税路線価もしくは倍**

率方式によるということを理解すればよいでしょう。

　ただし、これらはあくまで便宜的なものですので、本来の形態（相続税法22条の規定する「時価」）を示す不動産鑑定士による鑑定評価額で申告することも認められる点もご理解いただくとよいでしょう。

10 相続税路線価のしくみ

土地の相続税評価額を算定するための単価が路線価

◈路線価はネットで閲覧できる

　土地は基本的には相続税路線価に基づき、個別格差による補正率等を考慮して土地の単価を算定した上で、これに基づき相続税評価額を算定します。では、まず、相続税路線価の見方をご説明しましょう。

　相続税路線価は、税務署でも冊子形態のものをご覧になれますが、インターネットでも次の手順で調べることができます。

---

① 路線価と入力すると「財産評価基準書　国税庁」と出てくるのでクリックし、

② 上部に「令和（平成）●年」のコマンドが7年分ほど出てくるので、その相続が発生した年（暦年）を選択し、

③ 土地の所在する都道府県を選択し、

④ 路線価を見たい時は、一番上にある「路線価図」を選択し、

⑤ その都道府県のうち路線価のある市区町村が出てくるので、その土地の所在する市区町村を選択し、

⑥ その市区町村の中で路線価のある町名が出てくるので、その土地の所在する町名の路線価図ページ番号を選択し、

⑦ 同一の町名に路線価図がいくつかある場合は、その土地の該当部分が含まれる部分を発見するまで、「接続図」の欄で隣の路線価図に移動し、探す

なお、倍率方式の土地の場合は、③の段階までは同じで

> ④　評価倍率表の「一般の土地等用」を選択し
> ⑤　その都道府県のうち市区町村が出てくるので、その土地の所在する市区町村を選択し、
> ⑥　町別に区分された適用地域ごとの倍率を示した倍率表が出てくるので、該当の適用地域の倍率を探す

といった具合になります。

　路線価方式の場合は、無道路地（道路に接していない土地）等の例外を別として、基本的にはその土地の前面道路に貼られた数字が、1㎡当たりのその路線（道路）沿いの「標準的な」土地の単価となり、一定の補正を施してその土地の相続税評価額（1㎡当たりの単価）を把握した上で、これに面積を乗じることで、その土地の相続税評価額を計算します。

◆■路線価図の見方

　例として、次ページの路線価図を見てみましょう。
　四角い枠で示した整形地の100㎡の土地（個別の補正率の考慮は不要な標準的な画地である更地と想定）の相続税路線価に基づく評価額を求めたい場合は、前面道路が「710C」とあるので「710,000円/㎡」と相続税評価額（単価）を見なします。
　そして、この場合は整形の標準的な画地のため個別の補正率も考慮不要であることから、単に面積を乗じて「100㎡×710,000円/㎡」が評価額となります。

　なお、「C」とか「D」といったアルファベットは借地権割合を示しており、相続財産に「他人に賃貸している土地もしくは建物」が含まれる場合に必要となる指標です（後述）。
　また、その路線の数字（1㎡当たりの評価額・千円単位）が楕円や四角等

で囲まれている場合は、普通住宅地区以外の地区を示します。普通住宅地区や高度商業地区等の分類は、後述の個別格差の補正率の判定に必要となります。

　四角で「公19」とか「公5-2　基5-2」とあるのは、国土交通省等が毎年発表する公示地や都道府県地価調査基準地の位置を示します。

　公示地や都道府県地価調査基準地は、毎年1月1日（公示地）もしくは7月1日（基準地）の、地域の標準的な地点として選定されたその地点の1㎡当たりの公正な価値の指標として、一定の実務経験を有する不動産鑑定士の鑑定評価額に基づき土地鑑定委員会が判定し、公表しているものです。

　たとえば「公19」であれば「公示地　●●-19」を示し、「公5-2　基5-2」

●路線価図の例 （国税庁のサイトより）●

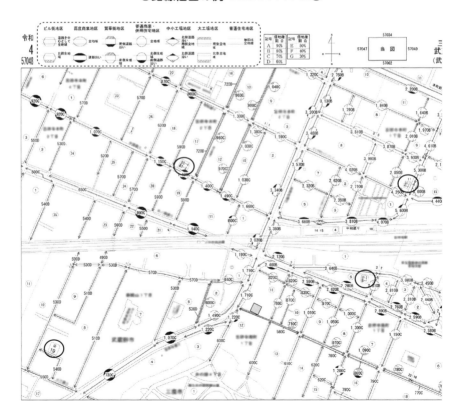

とあれば「公示地　●●5-2と基準地　●●5-2を兼ねる地点」を示すといった具合です。なお、「都市名─数字」は住宅地の公示地・基準地を、「都市名5─数字」は商業地の公示地・基準地を、「都市名9─数字」は工業地の公示地・基準地を示します。

　まずは、相続税路線価の概要を理解すればよいでしょう。

11

路線価の価格補正とは

土地の立地条件に応じて路線価から補正する

　路線価方式による場合、相続税路線価のある地域の土地は基本的には相続税路線価で土地の単価を求め、これに面積を乗じて求めます。しかし、相続税路線価の価格そのものが、そのままその土地の単価となるわけではありません。

　その土地が、奥行価格、側方、二方路、地積規模大、不整形、間口狭小、奥行長大、がけ地、特別警戒区域に該当する場合は、土地それ自体の価値が標準的な整形地と比較して有利もしくは不利です。

　これを踏まえて、前項の相続税路線価で説明した「ビル街地区」「高度商業地区」「繁華街地区」「普通商業・併用住宅地区」「普通住宅地区」「中小工場地区」「大工場地区」の分類に応じて、あらかじめ定められた補正率を適用してその土地の評価額を算定することとなります。

　これらの個別的な説明をしていると、それだけで相当な紙面を要するので、ここでは概略を示すにとどめますが、たとえばメインの道路の相続税路線価が「500千円/㎡」の普通住宅地区の「10m×10m=100㎡」の角地の更地があって、他の補正要因はなく側方に「400千円/㎡」の道路に接している場合の補正後の評価額は、以下となります。

※側方路線加算率の内容…国税庁のサイトより引用

地区区分	加算率	
	角地の場合	準角地の場合
ビル街地区	0.07	0.03
高度商業地区　繁華街地区	0.10	0.05
普通商業・併用住宅地区	0.08	0.04
普通住宅地区　中小工場地区	0.03	0.02
大工場地区	0.02	0.01

普通住宅地区の角地の補正率は0.03ですので、

〔500千円 + 400千円 × 0.03〕× 100㎡ = 51,200,000円

仮にこの土地が普通住宅地区ではなく高度商業地区であれば、角地の補正率は0.10ですので、

〔500千円 + 400千円 × 0.1〕× 100㎡ = 54,000,000円

その土地が個別補正に該当する場合は、地区分類を考慮したそれぞれの個別補正の内容に応じた補正率を適用してその土地の評価額を求める、という流れを理解すればよいでしょう。

なお、一部の補正については、その補正を使うことで他の補正を使えなくなる場合がある点にもご留意いただければと思います。

●土地の価格補正の例●

補正の種類	補正の内容
奥行価格	標準的な画地と比較して奥行が極端に長いあるいは短い場合の補正で、標準的な画地より低い評価額となる
側方路線	角地や準角地にようにメインの道路以外にも道路に接している場合の補正で、標準的な画地より高い評価額となる
二方路	（側方路線ではなく）二方で複数の道路に接している場合の補正で、標準的な画地より高い評価額となる
地積規模大	地積が大きい場合（大きいの基準は地区によって異なる）、標準的な画地より低い評価額となる
不整形	形状が不整形な場合の補正で、標準的な画地より低い評価額となる
間口狭小	土地の間口が狭い場合の補正で、標準的な画地より低い評価額となる
奥行長大	間口に比べ奥行の比率が極端に長い場合の補正で、標準的な画地より低い評価額となる
がけ地	土地の一部または全部ががけ地に該当する場合の補正で、標準的な画地より低い評価額となる
特別警戒区域	土地の一部または全部が土砂災害特別警戒区域に該当する場合の補正で、標準的な画地より低い評価額となる

12

その他の宅地の補正

「私道に供されている宅地」などは評価額が減額される場合がある

　前項では、「地区分類ごとに補正率が定められている宅地」について説明しましたが、それ以外にも補正が必要なものがあります。

　地区の種類に関係なく、土地の価値が減額されるものとしては、

- 私道の用に供されている宅地
- 造成中の宅地
- 余剰容積率の移転がある場合の宅地
- 余剰容積率を移転している宅地または余剰容積率の移転を受けている宅地
- 土地区画整理事業施行中の宅地の評価
- 農業用施設用地
- 無道路地
- セットバックを要する宅地
- 都市計画道路の予定地に位置する宅地
- 文化財建造物である家屋の敷地である宅地

といったところがあげられます。

　正直、筆者もお目にかかったことがない補正内容も多く、めったに使わないものも多いですが、私道やセットバックのように時々、目にするものもあり、一般の方であれば、「こういう場合は補正がある」と頭の片隅においておく程度で十分でしょう。

　むしろ、前項の地区の種類に影響する補正率や、この項で紹介した項目については、実際に適用するとなると、その土地の内容に応じて細かい分析が必要となり、一般の方が対応するのは正直、無理があると思います。

　現実的には、一般の方が相続税申告に際して意識すべきは、相続財産の土地に補正内容に引っかかるものがあれば、その点を意識して税理士に確認・相談しながら話を進めることになると考えられます。

　もし相続財産にこれらの補正に該当する土地があれば、税理士に相談すべきだということを念頭においておけばよいでしょう。

●さまざまな補正の例●

補正の種類	補正の内容
余剰容積率を移転している宅地又は余剰容積率の移転を受けている宅地	余剰容積率の移転（その敷地で建てても良い建物の規模〔延床面積、以下同様〕の上限と比較して余裕がある場合に、他の宅地にその余裕分を移転して、他の宅地についてももともと認められる規模の建物より大きな規模の建物を建築できるようにすること）がある場合に、一定の補正を施すもの
私道の用に供されている宅地	私道の用に供されている宅地について、その部分については本来の3割で評価する補正 ただし、不特定多数が通行する私道の場合は0円評価となる
土地区画整理事業施行中の宅地の評価	土地区画整理事業中の土地について、一定の補正を施すもの
造成中の宅地	造成工事着手直前の地目により評価した価額に、その造成に係る費用現価の8割を加算して求めるとする補正
農業用施設用地	農業用施設用地の宅地について、その宅地が農地とした時の価格から造成費、整地、土盛り、土止めに要する費用の額を考慮（加算）して求めるとする補正
無道路地	道路に接していない土地について、減額する補正
セットバックを要する土地	建築基準法の規定に従い、建物建築時に前面道路の幅員4m（例外的に4m超の場合もあり得る）を確保するために道路提供が求められる部分を土地に含む場合に、その部分を減額する補正
都市計画道路の予定地に位置する土地	土地の一部もしくは全部が都市計画道路予定地である場合に、この部分を減額する補正
文化財建造物である家屋の敷地である土地	文化財建造物である家屋の敷地である土地につき、一定の控除（控除割合は重要文化財0.7、登録有形文化財0.5、伝統地区建築物0.3）を施して減額する補正

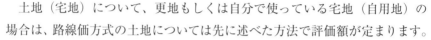

13 宅地を貸している場合、借りている場合

借地権や底地の評価のしくみ

　土地（宅地）について、更地もしくは自分で使っている宅地（自用地）の場合は、路線価方式の土地については先に述べた方法で評価額が定まります。

　しかし、土地を貸していて賃借人が建物を建てている場合、もしくは土地上の建物を貸している場合は、所有者が自由に利用できないため減額されます。

　借地借家法という法律で、土地を賃借してその土地上に建物を建てて、その建物を登記している場合は、土地を借りて建物を所有している人に**借地権**という「土地を借りる権利」が認められ、正当な事由がない限りは土地を貸している人からの立退き要求ができない等の一定の保護が与えられています。

　このため、借地権についても相続税評価上、財産に該当すると扱われており、相続税申告に際しては評価の必要があります。ただし、元々は自分の土地ではなくいつかは返却の必要があったり、土地賃貸借契約の内容如何で使用方法に制限がある等、更地や自用の土地の場合と比較して制限がありますので、更地や自用の土地よりもその相続税評価額は低くなります。

　また、この場合の、借地権の設定された土地（これを**底地**といいます）を貸している人が亡くなった場合も、底地の相続税評価額を把握し申告する必要があります。ただし、底地の所有者は、その土地の自由利用ができないので、更地や自用の土地よりもその相続税評価額は低くなります。

　底地については、更地としての評価額から借地権割合を控除した価格（更地価格に「1―借地権割合」を乗じる）を相続税申告上の評価額として申告することとなります。

　借地権については、更地としての評価額に借地権割合を乗じた額を相続税申告上の評価額として申告することとなります。

借地権や底地が相続財産に含まれる場合は、更地価格に借地権割合を乗じた額（借地権）もしくは（1―借地権割合）を乗じた額（底地）が相続税申告に際しての評価額となることを理解すればよいでしょう。

●借地権および底地の場合●

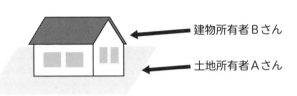

建物所有者Bさん

土地所有者Aさん

※土地の更地としての評価額は10,000,000円とする。
※借地権割合は60％とする。

仮にAさんの相続であれば底地価格で申告するので、10,000,000円×（1－60％）＝4,000,000円が評価額
仮にBさんの相続であれば借地権価格で申告するので、10,000,000円×60％＝6,000,000円が評価額（もちろん建物の評価額も申告する）

14 貸家建付地の評価

借地権割合や借家権割合を考慮して算定する

　土地上に土地所有者が建物を建てて、その建物を賃貸している場合は、**貸家建付地**と呼ばれる土地の扱いとなります。この場合は、更地としての評価額から、「更地としての評価額に借地権割合と借家権割合（令和5年現在30％）を乗じた価格」を控除して評価額を算定することとなります。

　この場合は、「土地を賃貸借している」借地権や底地とは異なり、「建物を賃貸借している」という場合が該当します。

　自宅兼アパートである場合など、自用地部分と貸家建付地部分が混在している土地の場合は、適切な方法（通常は面積割合）で按分して計算します。

　また、アパート経営等をしていると、「たまたま相続発生時に空室だった」場合があります。「相続発生時点前後にたまたま1か月程度空室で、すぐに新しい賃借人に賃貸できた」場合は、その空室部分も貸家扱いとして申告しても差し支えないと考えられますが、一定期間以上空室である場合は、その空室部分は貸家とは見なさず自用の部分としての評価にならざるを得ないと考えられます。

　なお、建物を借りている人（借家人といいます）については、借家人の借りる権利（借家権）については相続財産ではない扱いと判断されるため、相続税の申告財産に含める必要はありません。

　貸家建付地の場合は、更地価格から借地権割合や借家権割合等を考慮した一定の額を差し引いた額で相続税評価額を算定することを理解すればよいでしょう。

●貸家建付地の場合●

建物所有者もCさんで建物すべてを
Dさんに賃貸中

土地所有者はCさん

※土地の更地としての評価額は10,000,000円とする。
※借地権割合は60%とする。

仮にCさんに相続があった場合、貸家建付地として申告するのて10,000,000円
×（1—60%×30%）＝8,200,000円が評価額（もちろん建物の貸家としての
評価額も申告する）
なお、この場合、Dさんは建物を借りる権利（借家権）を持っている形となるが
仮にDさんに相続があった場合においても、借家権の申告は不要である。

あまり相続税に慣れていない
税理士からの質問

　以下は、筆者がここまでの人生で2回ほど受けた質問です。

　いずれも相続税に不慣れな税理士さんからでしたが、聞けば相続財産に借地権が含まれる案件なのだけれど、土地賃貸借の範囲は登記された土地の一部で、かつ、土地賃貸借契約書を見ても土地の面積が書いていないので、「路線価（個別補正済み）×土地面積×借地権割合」で求める相続税評価額を計算できないのだが、どうすればよいか……との質問でした。

　土地を賃貸した場合、通常は「土地に賃借権を設定した旨」の登記はなされません。なぜなら、その登記をすることに所有者側にメリットがないからです。ですので、登記された土地全体が賃貸されていない限り、登記から借地権の面積を把握することが難しい場合もあるのです。

　しかも、古くからの土地賃貸借契約の中には、いかにも適当な契約書も多く、敷地の範囲や数量も明確でないことも多いのが実態です。

　税理士さんは困ったのでしょう。筆者にどうすればよいかと聞いてきましたが、いずれの場合も筆者は「概要書は？」と一言だけ返しました。

　実は、建物を建築する際は、建築基準法に照らして「こういう建物を建築してよいか」という確認を役所の建築主事にとることが義務付けられているのです。ということは、土地賃貸借契約上の建物についても建築確認が得られているはずであり、役所の建築指導課に行けばよほど極端に古い建物でない限りはその記録が残っています。

　その建築確認の内容をまとめたものが建築計画概要書で、建築計画概要書には図面も描かれているので、その敷地の範囲が整合していればその建築確認に描かれている敷地面積が土地賃貸借の範囲と判断できるのです。

　なお、古い建物の中には役所にも建築計画概要書が残っていない場合もありますが、敷地面積の記録は例外的な都市を除き役所の建築指導担

当に残っているので、その場合は記載事項証明をもらうとよいでしょう。

　相続税に不慣れな税理士の中には、官公庁といえば税務署しか頭になく、不動産関連の各市区町村の建築指導課等に行くという発想がない人もいます。もし、不動産に不慣れな税理士に不動産の相談をする場合は、建築指導関連の情報も前もって提供すると有意義な相談等ができるのではないでしょうか。

◉借地権と建築確認の関係◉

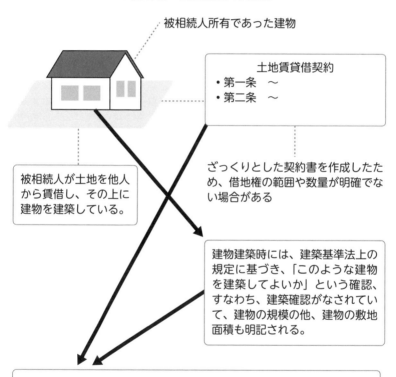

被相続人所有であった建物

土地賃貸借契約
・第一条　～
・第二条　～

被相続人が土地を他人から賃借し、その上に建物を建築している。

ざっくりとした契約書を作成したため、借地権の範囲や数量が明確でない場合がある

建物建築時には、建築基準法上の規定に基づき、「このような建物を建築してよいか」という確認、すなわち、建築確認がなされていて、建物の規模の他、建物の敷地面積も明記される。

仮に土地賃貸借契約に面積や敷地の範囲が書かれておらず、かつ、土地賃貸借の範囲と登記簿の筆の範囲が一致しない場合は、建築確認上の敷地面積を採用するのも一案。
ただし、役所の建築指導担当にも建築計画概要書が残っていない場合もあるので、その点は注意（その場合でも、建築確認の記録は残存していることが多いので、その記載事項証明を取得するとよい）

15

倍率方式による土地の評価

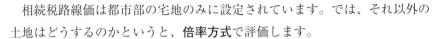

相続税路線価は都市部の宅地のみに設定されています。では、それ以外の土地はどうするのかというと、**倍率方式**で評価します。

倍率方式の土地は、固定資産税評価額にあらかじめ定められた倍率を乗じて、これをもって相続税評価額とするしくみと理解すればよいでしょう。

たとえば、図の倍率表に基づき、「固定資産税評価額5,000千円の▲▲1丁目の都道沿いの更地」を相続税申告したいとします。

この場合は、元町1〜4丁目の都道沿いは1.1倍ですので「5,000千円×1.1→5,500千円」が相続税申告上の評価額となります。

同様に、元町1〜4丁目の「都道・町道以外の地域」に位置する固定資産税評価額100千円の畑や山林があった場合は、畑なら倍率は18倍のため「100千円×18＝1,800千円」、山林なら倍率は15倍ですので「100千円×15＝1,500千円」となります。

なお、畑や山林、原野の横に「純」とあるのは、純農地、純山林もしくは純原野（宅地的な要素が見られない純粋な農地・山林・原野との意味）である旨を示すものですが、相続税申告上は特に気にせず倍率を採用してかまいません。同様に、倍率表の一部に「純」ではなく「中」とあるものもありますが、これらは中間農地、中間山林、中間原野（やや宅地的な要素も含む農地・山林・原野との意味）との意味を示します。やはり特に気にせず倍率を採用してかまいません。

路線価方式の場合は角地や不整形等の個別格差に際しての補正率を考慮しますが、倍率方式の場合は固定資産税評価額の中にすでに個別格差の補正率の要素が考慮されていますので、別途の補正は不要です。ただし、賃貸している場合は借地権割合、貸家建付地の場合は借家権割合をも適切に考慮することとなります。

●倍率表の例●

令和●年分　　倍　率　表

市区町村名：●●　　　　　　　　　　　　　　　　　　　　　●●税務署

音順	町（丁目）又は大字名	適　用　地　域　名	借地権割合	固定資産税評価額に乗ずる倍率等						
			%	宅地	田	畑	山林	原野	牧場	池沼
お	●●	農業振興地域内の農用地区域			一	純 18				
		都道、町道沿い	30	1.1	一	中 19	中 22	中 22	一	一
		上記以外の地域	30	1.1	一	純 17	純 16	純 16	一	一
さ	●●	農業振興地域内の農用地区域			一	純 17				
		都道、町道沿い	30	1.1	一	中 20	中 22	中 22	一	一
		上記以外の地域	30	1.1	一	純 17	純 16	純 16	一	一
せ	●●	農業振興地域内の農用地区域			一	純 17				
		都道、町道沿い	30	1.0	一	中 19	中 25	中 25	一	一
		上記以外の地域	30	1.0	一	純 17	純 14	純 14	一	一
の	●●	農業振興地域内の農用地区域			一	純 17				
		都道、町道沿い	30	1.2	一	中 20	中 26	中 26	一	一
		上記以外の地域	30	1.2	一	純 17	純 17	純 17	一	一
は	●●	農業振興地域内の農用地区域			一	純 18				
		都道、町道沿い	30	1.0	一	中 19	中 26	中 26	一	一
		上記以外の地域	30	1.0	一	純 17	純 14	純 14	一	一
も	●●	農業振興地域内の農用地区域			一	純 18				
		都道、町道沿い	30	1.0	一	中 19	中 26	中 26	一	一
		上記以外の地域	30	1.0	一	純 17	純 15	純 15	一	一
	▲▲ 1～4丁目	都道、町道沿い	40	1.1	一	中 27	中 27	中 27	一	一
		上記以外の地域	30	1.1	一	純 18	純 15	純 15	一	一

（国税庁のサイトの倍率表を筆者加工）

16

農地や山林の評価

宅地化が見込める農地は評価額が高くなる

◈都市部の農地などは「宅地比準方式」で評価する

前項では、中間農地、純農地、中間山林、純山林、中間原野、純原野については倍率方式を採用すると述べましたが、ここでご注意いただきたい点があります。

農地や山林、原野の中には、純粋な農地や山林の他、都市部に近く宅地化が見込める山林や農地もあります。そのような農地や山林については、ある程度は宅地並みの価値を見込んだ評価とすることが課税の公平に資するため、市街地農地や市街地山林、市街地原野については「**宅地比準方式**」、すなわち「その農地や林地が宅地であるとした場合の1㎡当たりの価額から1㎡当たりの造成費を差し引いた額」に面積を乗じた価格で相続税申告上の評価額とすることがあります。

なお、市街化周辺農地の評価額は市街地農地として計算した評価額の80%とされます。

現実的には、倍率表で「比準」「市比準」(いずれも市街地農地の意で地方によって表記が異なる)もしくは「周比準」(市街地周辺農地の意)とあるものは、前述の手順で評価すると考えておけばよいでしょう。

◈宅地造成費は都道府県ごとに決められている

造成費については、毎年、都道府県ごとに税務署側で宅地造成費の目安が提示されています。

造成費を見たいときは98ページで説明した路線価を調べる際の手順の「③土地の所在する都道府県を選択し」の次の段階で、「④路線価図を選択」の箇所を「宅地造成費等の金額表を選択する」とすれば検索が可能です。

　農地や林地は宅地の価格水準より格段に低いため、通常は純農地・中間農地・純山林・中間山林の価格は市街地農地や市街地周辺農地、市街地山林としての価格より格段に低いことが通常です。

　なお、この基準は画一的に定められたものですので、なかには「どう見ても農地や山林」なのに倍率表では「市街地山林や市街地農地、市街地周辺農地」に該当するとされる場合もあります。このような場合、税理士に相続の上で一定の対策をとることが必要でしょう。

**　都市に近い農地や山林は市街地農地もしくは市街地周辺農地、市街地山林として扱われ、純粋な農地や林地よりも相続税評価額が高額となることを理解しておけばよいでしょう。**

●宅地造成費の例（令和4年、東京都）●

宅地造成費の金額表
1　市街地農地等の評価に係る宅地造成費
　「市街地農地」、「市街地周辺農地」、「市街地山林」（注）及び「市街地原野」を評価する場合における宅地造成費の金額は、平坦地と傾斜地の区分によりそれぞれ次表に掲げる金額のとおりです。
（注）ゴルフ場用地と同様に評価することが相当と認められる遊園地等用地（市街化区域及びそれに近接する地域にある遊園地等に限ります。）を含みます。
表1　平坦地の宅地造成費

工事費目		造成区分	金額
整地費	整地費	整地を必要とする面積1平方メートル当たり	800円
	伐採・抜根費	伐採・抜根を必要とする面積1平方メートル当たり	1,000円
	地盤改良費	地盤改良を必要とする面積1平方メートル当たり	1,600円
土盛費		他から土砂を搬入して土盛りを必要とする場合の土盛り体積1立方メートル当たり	7,200円
土止費		土止めを必要とする場合の擁壁の面積1平方メートル当たり	76,600円

（留意事項）
⑴　「整地費」とは、①凹凸がある土地の地面を地ならしするための工事費又は②土盛工事を要する土地について、土盛工事をした後の地面を地ならしするための工事費をいいます。
⑵　「伐採・抜根費」とは、樹木が生育している土地について、樹木を伐採し、根等を除去するための工事費をいいます。したがって、整地工事によって樹木を除去できる場合には、造成費に本工事費を含めません。

17

建物の評価

通常は建物は固定資産税評価額で評価する

　建物については、相続税財産評価基準上の扱いは単純です。建物の評価額は、通常は固定資産税評価額によります。

　なお、固定資産課税明細の「固定資産税課税標準額」ではなく「固定資産税の価格（本書でいう固定資産税評価額）」である点はご留意いただければと思います。

　建物を賃貸している場合は借家権割合（令和5年現在、全国一律30％）を控除した70％で評価できます。

　その建物の一部を賃貸している場合は、合理的な按分方法（通常は、賃貸している部分とそれ以外の部分の面積割合）で按分して算出します。

　なお、貸家建付地の項でも説明しましたが、アパート経営等をしていると、「たまたま相続発生時に空室だった」場合があります。

　「相続発生時点前後にたまたま1か月程度空室で、すぐに新しい賃借人に賃貸できた」場合は、その空室部分も貸家扱いとして申告しても差し支えないと考えられますが、一定期間以上空室である場合は、その空室部分は貸家と見なさず自用の部分として100％評価にならざるを得ないと考えられます。

**　建物の相続税評価額は、基本的には固定資産税評価額で評価し、賃貸している場合は借家権割合を控除した70％で評価することを理解すればよいでしょう。**

●建物の評価額●

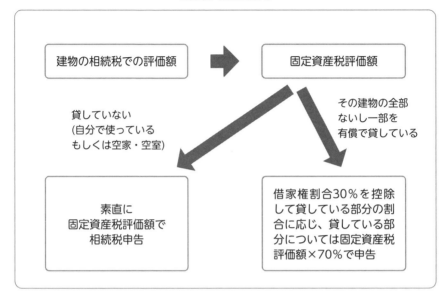

建物の相続税での評価額 → 固定資産税評価額

貸していない
(自分で使っている
もしくは空家・空室)

その建物の全部
ないし一部を
有償で貸している

素直に
固定資産税評価額で
相続税申告

借家権割合30％を控除
して貸している部分の割
合に応じ、貸している部
分については固定資産税
評価額×70％で申告

●賃貸割合の考え方●

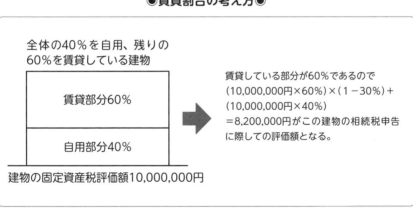

全体の40％を自用、残りの
60％を賃貸している建物

賃貸部分60％

自用部分40％

建物の固定資産税評価額10,000,000円

賃貸している部分が60％であるので
(10,000,000円×60％)×(1－30％)＋
(10,000,000円×40％)
＝8,200,000円がこの建物の相続税申告
に際しての評価額となる。

18

小規模宅地等の特例とは

自宅の評価額を大きく減額する特例

◆相続で自宅を手放さなければならない……

相続税では、土地・建物を「相続税計算用の便宜的な評価額」で評価すると書きました。ただ、次のような場合も考えられます。

自宅の相続税評価額が5,000万円で、母と一人っ子である子の2人暮らしで母が亡くなった場合、自宅以外に遺産がなかったとすると、「5,000万円─基礎控除額3,600万円（3,000万円＋法定相続人一人で600万円）→1,400万円」に対して相続税が160万円かかります。

ここで、子に手元に160万円以上の資金がない場合、下手をすれば子は母を亡くした上に自宅を手放す……ということになります。

このように、「そこまで財産のない方」が「親御さんの相続発生と同時に自宅まで手放さなければならなくなる」事態が続出してしまうと、社会的見地からいかがなものかという状況になります。

このため、相続税法では、生活維持に必要と思われる一定の要件に該当する小規模な宅地（その相続開始の直前において被相続人または被相続人と生計を一にしていた被相続人の親族（被相続人等）の事業の用または居住の用に供されていた宅地等のうち一定のもの）については、**小規模宅地等の特例**を用意するという配慮をしています。

◆評価額が最大で80％も減額される

小規模宅地等の特例の対象となる宅地には大きく「特定居住用宅地等」と「特定事業用宅地等」および「貸付事業用地等」があります。

ざっくり言いますと、「特定居住用宅地等」については、一定の要件を満たせば「被相続人やその同一生計親族（以下、被相続人等という）が住んで

いた自宅の土地」につき、本来の相続税評価額の2割（つまり80％減額）で相続税を計算することが認められています。

　また「特定事業用宅地等」では、「被相続人等が事業用に使用していた宅地」につき、本来の相続税評価額の2割（80％減額）で、「貸付事業用宅地等」では「被相続人等が貸付事業の用に供していた宅地」につき、5割（50％減額）で相続税を計算することが認められています。

　ただし、次ページ図のように特例には細かい要件がある他、面積要件の上限がありますので、この点は注意すべきでしょう。

　この特例の適用を受けるためには、相続税の申告書に、この特例の適用を受けようとする旨を記載するとともに、小規模宅地等に係る計算の明細書や遺産分割協議書の写しなど一定の書類を添付する必要があります。つまり「何もしないでも自動的に2割もしくは5割で評価してくれる」のではなく、この適用を受けるためには相続税申告書の提出が必要になります。

　そのため「この特例を適用せずとも基礎控除額以内におさまる」という場合を除き、税理士に依頼して相続税申告書を税務署に提出すべきでしょう。

　また、これらの特例の適用が考えられる土地につき、何か手を加えようとする場合は、その行為によって特例の適用要件が崩れる場合があり得ます。手を加える必要がある場合は、できる限り税理士に相談し、「特例の要件を崩してでもその行為を行ったほうが有利か」を十分に吟味すべきでしょう。

●評価額の減額割合●

相続開始の直前における宅地等の利用区分				要件	限度面積	減額される額
被相続人等の事業の用に供されていた宅地等	貸付事業以外の事業用の宅地等		①	特定事業用宅地等に該当する宅地等	400㎡	80%
	貸付事業用の宅地等	一定の法人に貸し付けられ、その法人の事業（貸付事業を除く）用の宅地等	②	特定同族会社事業用宅地等に該当する宅地等	400㎡	80%
			③	貸付事業用宅地等に該当する宅地等	200㎡	50%
		一定の法人に貸し付けられ、その法人の貸付事業用の宅地等	④	貸付事業用宅地等に該当する宅地等	200㎡	50%
		被相続人等の貸付事業用の宅地等	⑤	貸付事業用宅地等に該当する宅地等	200㎡	50%
被相続人等の居住の用に供されていた宅地等			⑥	特定居住用宅地等に該当する宅地等	330㎡	80%

●特定居住用宅地等の要件●

区分		特例の適用要件	
		取得者	取得者等ごとの要件
①	被相続人の居住の用に供されていた宅地等	1 被相続人の配偶者	「取得者ごとの要件」はありません
		2 被相続人の居住の用に供されていた一棟の建物に居住していた親族	相続開始の直前から相続税の申告期限までに引き続きその建物に居住し、かつ、その宅地等を相続開始時から相続税の申告期限まで有していること
		3 上記1および2以外の親族	次の(1)から(6)の要件をすべて満たしていること (1)居住制限納税義務者または非居住制限納税義務者のうち日本国籍を有しない者ではないこと (2)被相続人に配偶者がいないこと (3)相続開始の直前において被相続人の居住の用に供されていた家屋に居住していた被相続人の相続人（相続の放棄があった場合には、その放棄がなかったものとした場合の相続人）がいないこと (4)相続開始前3年以内に日本国内にある取得者、取得者の配偶者、取得者の三親等内の親族または取得者と特別の関係がある一定の法人が所有する家屋（相続開始の直前において被相続人の居住の用に供されていた家屋を除く）に居住したことがないこと (5)相続開始時に、取得者が居住している家屋を相続開始前のいずれの時においても所有していたことがないこと (6)その宅地等を相続開始時から相続税の申告期限まで有していること
②	被相続人と生計を一にしていた被相続人の親族の居住の用に供されていた宅地等	1 被相続人の配偶者	「取得者ごとの要件」はありません
		2 被相続人と生計を一にしていた親族	相続開始前から相続税の申告期限まで引き続きその家屋に居住し、かつ、その宅地等を相続税の申告期限まで有していること

●特定事業用宅地等の要件●

区分		特例の適用要件
被相続人の事業の用に供されていた宅地等	事業承継要件	その宅地等の上で営まれていた被相続人の事業を相続税の申告期限までに引き継ぎ、かつ、その申告期限までにその事業を営んでいること
	保有継続要件	その宅地等を相続税の申告期限までに有していること
被相続人と生計を一にしていた被相続人の親族の事業の用に供されていた宅地等	事業継続要件	相続開始の直前から相続税の申告期限まで、その宅地等の上で事業を営んでいること
	保有継続要件	その宅地等を相続税の申告期限までに有していること

●貸付事業用宅地等の要件●

区分		特例の適用要件
被相続人の貸付事業の用に供されていた宅地等	事業承継要件	その宅地等にかかる被相続人の貸付事業を相続税の申告期限までに引き継ぎ、かつ、その申告期限までその貸付事業を行っていること
	保有継続要件	その宅地等を相続税の申告期限まで有していること
被相続人と生計を一にしていた被相続人の親族の貸付事業の用に供されていた宅地等	事業継続要件	相続開始前から相続税の申告期限まで、その宅地等にかかる貸付事業を行っていること
	保有継続要件	その宅地等を相続税の申告期限まで有していること

19 安易に相続税評価額が安いことに 目をつけると……

相続税逃れを否定した最高裁の判決

　相続税について、ぜひご紹介したい最高裁判所の判例があります。令和4年4月19日最高裁判決です。

　簡単に説明しますと、「90代の老人が、借金をしてマンションを購入し、マンションの相続税財産評価基準に基づく評価額は市場価値より低いから、その90代の老人が亡くなった時（相続）に、相続人が低くなった財産評価基本通達に基づく評価額で相続税申告」をしたが、「財産評価基本通達6項」に基づき市場価値（不動産鑑定士による鑑定評価額））により相続税を計算し、結果、当初申告より高額の相続税を課す……との判決です。

　最高裁判例は、法律そのものではありませんが、最高裁判所が憲法およびその他の法律の条文等に基づき下した判断ですので、今後、同様の裁判が起きた際に同様に判断される公算が大きい見解といえます。このため、実務上は法律的な意思決定や判断を下す際の指標となるものです。

　通達6項とは「この通達の定めによって評価することが著しく不適当と認められる財産の価額は、国税庁長官の指示を受けて評価する。」という内容のものです。

　いわば、財産評価基本通達の他の項目に基づく評価額による相続税の計算を認めることが不適切である場合は、財産評価基本通達によらず妥当な手法で評価した額に基づき相続税を計算する旨を指示したものです。

　この案件では、最高裁判決は以下の点を指摘しています。

・多額の借財をして、賃貸物件を購入し相続税評価額を下げて申告することは課税の公平の観点から問題である。

・90代という高齢の老人であり、賃貸物件の経営管理の必要があったかが疑問で、税逃れ（専門的には租税回避行為といいます）の目的は明らかである。

このことから、以下の点に注意すべきと理解しておけばよいでしょう。

- 安易に「相続税評価額の方が実際の市場価値より低額な点（その結果、相続税も圧縮される）」に着目して不動産を購入しても、あまりに露骨な税逃れである場合は通達6項という「伝家の宝刀」で課税される危険がある
- 賃貸物件を安易に節税目的で購入するのは、慎重に考えた方がよい。
- 仮に賃貸物件を購入するとしても、「節税目的」以外の合理的な理由が説明できるかを検討してから購入すべき
  …例えば、経営改善等の目的があるか等を吟味すべきでしょう。
- 経営実態がどうなっているかを吟味すべき
  …この案件の場合は、実際に90代の老人が賃貸物件にどの程度の関与をしていたかは不明ですが、名義だけご高齢の老人で、実際の経営の差配をその子供たちが行っていたとなると、やはり疑問を持たれる面が残ると思います。
- 最高裁判例は多額の借財をしてまで不動産を取得している点を問題視しているので、借入を起こして不動産を取得する場合は、特に要注意

「相続税評価額が市場価値より低いことを悪用しようとすると、税務署側も否認してくる」場合もあり得る点をご理解いただければと思います。

●本件の概念図●

(建物の経年減価や地価の変動、賃貸マンション以外の財産等は考慮外とする／筆者作成)

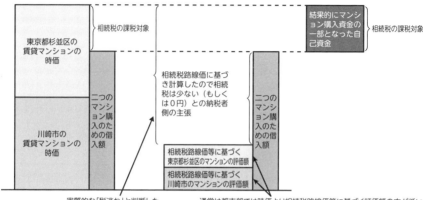

通常の相続税申告

不動産がある場合、相続税法22条に基づく時価を申告する

しかし、実務上は、財産評価基本通達の規定に従い、時価より割安な価格なことが多い相続税路線価等により評価して申告することが大半。

結果、不動産鑑定士による鑑定評価額(時価)より割安な評価額で申告できることが多い。

本件の場合

財産評価基本通達6項では、「割安」であることを悪用した税逃れを牽制する意味で、**不適切な**場合は「国税庁長官の指示を受けて評価する」とある。

20 最高裁判決についての質問

税逃れの要素がなければ過度に恐れる必要はない

　前項の最高裁判決に際して、相続税申告に際し以下の質問がありました。ここで改めて整理しておきたいと思います。

① 　自分の親は20年以上前にマンションを購入したが、今回の最高裁判決を踏まえるに、相続税評価額ではなく鑑定評価額で申告しないといけないのか？

　→そもそも20年以上も前に取得とのことであり、当時は親御さんも若かったと推定され、「相続を見越した相続税圧縮」たる税逃れ（専門的は租税回避行為といいます）の要素はなかったと思われます。したがって、よほど特殊な事情がない限り通常通り、財産評価基本通達に基づく評価額で申告してよいと思われます。

　「税逃れ」の要素があるか否かが判断の鍵と考えてよいと思われます。

② 　遺産争いで裁判所にその不動産の財産価値が高い旨を示すために不動産鑑定士による鑑定評価書を提出しました。鑑定評価額が判明しているので、このような場合、常に相続税申告も鑑定評価額によるべきでしょうか。

　→税逃れの要素がない限り、鑑定評価額に依拠する必要はないと思われます。

　そもそも、不動産鑑定士の鑑定評価書には「鑑定評価の依頼目的」が記載されており、目的外使用はできませんし、万が一、それをしたら極端な話、その不動産鑑定士から訴えかねられません（もっとも、実際にその理由で訴えたという話は聞いたことはありません）。

　おそらく、依頼目的は遺産配分に関する判断の活用とでもなっているはずですので、それを相続税申告に流用すること自体、不適切です。

③ 　逆に賃貸物件の市場価値が財産評価基本通達に基づく評価額よりも低い

場合、鑑定評価額で行っても大丈夫か?

→ここに関しては物件の如何によりなんともいえません。

　ただし、筆者の個人的な意見としては、賃貸物件の鑑定評価は還元利回り（その不動産の稼ぎを元本に割り返す際の比率）の査定等に裁量の余地が大きいため、不動産規模に比して極端に賃料が低い等、何か特殊な事情がある旨を説明できない限り税務署に否認される場合がある程度はあり得ると考えられます。

　その場合、財産評価基本通達に基づき計算し直した税額と、当初に納付した鑑定評価額に基づき計算した税額との差額を追加納付する他、延滞税や過少申告加算税といったペナルティの税金も追加で課されるリスクはご理解いただければと思います。

　場合によっては、「いったんは相続税評価額で申告・納税し、同時に鑑定評価額に基づく還付の申告書」を提出する方法もあります。

　ただし、この場合、税務署がより詳細に調べるので、他に判断に悩ましい部分がある場合はそこを突かれて逆に損する場合も皆無ではありません。

　このあたりは個別の状況にもよりますので、税理士とも相談の上で慎重に判断すべきと考えられます。

◉20年前に取得した不動産◉

ある不動産を20年前に取得…通常は相続税節約の意図があったとは考え難い

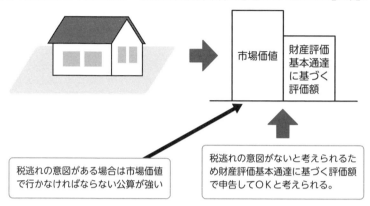

市場価値

財産評価基本通達に基づく評価額

税逃れの意図がある場合は市場価値で行かなければならない公算が強い

税逃れの意図がないと考えられるため財産評価基本通達に基づく評価額で申告してOKと考えられる。

◉賃貸マンション・アパート等の投資収益物件が、本当に市場価値（鑑定評価額）が低い場合◉

財産評価基本通達に基づく評価額

市場価値

個人的には、投資収益物件の場合、何等かの特殊な事情（例・その土地に許容される規模より遥かに小規模な建物である、用途が居宅や事務所等でなく特殊用途である等）がない限り、不動産鑑定士の鑑定評価額自体が裁量の幅が大きい（還元利回り等の査定に裁量の幅があり、さじ加減で鑑定評価額がそれなりに変動する場合も多い）ため、財産評価基本通達に基づく評価額よりも低い市場価値（鑑定評価額）であったとしても否認される場合が多いと感じている。

一つの手としては、延滞税・過少申告加算税回避のため、「一旦は財産評価基本通達に基づく評価額を用いて申告・納税」し、同時に「鑑定評価額に基づく相続税申告書」を提出して払い過ぎ分を還付請求するのも一つの方法ではある

但し、この場合は還付が絡むため、税務署もより詳細に申告内容を調査するので、他に判断に悩ましいところがある場合、そこを指摘される場合がある。よって、その手段を採用するかは税理士に相談して判断すべきと考えられる。

21 不動産鑑定士による鑑定評価額で申告したほうが有利な場合

特別な事情があるときは路線価よりも低くなることも

　すでに述べたとおり、通常は相続税路線価に基づく評価額のほうが不動産鑑定士による鑑定評価額よりも低額であるため、わざわざ不動産鑑定士による鑑定評価額で申告したら不利になる場合が多いです。

　しかし、中には特別な事情があり、不動産鑑定士による鑑定評価額のほうが低額となる場合もあるため、不動産鑑定士への報酬を払っても節税額が十分に大きい場合は、不動産鑑定士による鑑定評価額をもって相続税法22条の時価と見なし、相続税申告をしたほうが有利です。

　では、どのような場合が、不動産鑑定士による鑑定評価額で申告すべき場合かといいますと、「（通常は鑑定評価額よりも低額となるはずである）財産評価基本通達が予定していない減額要素がある場合」と考えてよいでしょう。

　具体的には、

① 　財産評価基本通達に基づく評価方法を形式的に適用することが不合理であり
② 　他の合理的な時価の算定方法が存在し
③ 　財産評価基本通達に基づく評価方法と②の評価方法に著しい乖離がある場合で

財産評価基本通達に基づく評価額のほうが低い点に目をつけてわざわざ相続発生直前に税負担軽減目的で不動産を購入したような背景がなければ、不動産鑑定士による鑑定評価額で申告をすることを検討してもよいでしょう。

　現実的には、相続税申告に際しては税理士が関与するでしょうから、その税理士との相談の上で税理士経由で不動産鑑定士に「見込み価格」を質問して、鑑定評価額で申告をするかどうかを検討してもよいでしょう。

　ただし、不動産鑑定士の鑑定評価額を提出すると、税務署で詳細に検討され、場合によっては鑑定評価額が否認されるリスク（過少申告の結果、延滞税や過少申告加算という罰金的な税金も追加で課される）もある点に留意すべきでしょう。

　その際、できれば「裁量の判断の結果、低額になる」減額要素ができる限り少なく、客観的に誰が見ても「確かに低額だよね」といえる要素が多いほうが、税務署に是認される可能性が高まるでしょう。

◉鑑定評価額を採用したほうが有利な場合とは◉

相続財産たる不動産

通常の不動産は、「財産評価基本通達の予定していない特別な事情」がないため、割安な財産評価基本通達に基づく評価額で申告をした方が有利

しかし、「財産評価基本通達の予定していない特別な事情」がある不動産の場合は、その特別な事情で実際の時価(市場価格)が財産評価基本通達に基づく評価額よりも低い場合があり得る

特別な事情がある場合は、不動産鑑定士の鑑定評価に依拠して時価(鑑定評価額)を把握し、これに基づいて申告するのも一案

ただし、鑑定評価額による申告は税務署の詳細な検討が入る等、否認リスクが高まる点もご注意を

※ちなみに、筆者がこの目的の鑑定評価書を作成する時は、鑑定評価額の決定の理由の要旨において、本文中の①～③をその案件に当てはめた鑑定評価書を認めています。いうまでもなく是認できる旨を説明するためです。
　ただ、ここまで対応できる不動産鑑定士は滅多にいない点も留意すへべきでしょう。

一方で、税理士ではない不動産鑑定士が安易に税務的な相談に応じると税理士法に抵触しますので、あくまでも「鑑定評価額の見込額」を訪ねることまでしかできない点にも留意すべきでしょう。

「相続税路線価が予定していない特別な事情」がある場合は、不動産鑑定士による鑑定評価を検討する価値がある旨をご理解いただければよいでしょう。

相続税法と財産評価基本通達はどちらが優先されるのか

　ここまで読んでこられて、読者の方の中には、相続税法22条と財産評価基本通達の関係って、どうなっているのかと思われる方も多いでしょう。ここで説明します。

　まず、相続税法22条は法律ですので、相続発生時（被相続人が亡くなった時）の時価で申告する旨の規定は、相続税申告に際しての絶対的なルールと扱われます。

　ただ、前述のとおり、財産評価基本通達に基づく評価額のほうが通常は鑑定評価額よりも低額です。では、どういう理屈で実際の時価によらず、財産評価基本通達に基づく評価額が認められるという話になるのでしょうか。

　もともと、通達とは、役所（この場合は国税庁）内部の上位組織から下位組織への連絡事項に過ぎず、本来は役所の外部への拘束性はないものです。

　ただ、税の申告に関しては、この通達の目線を明確にすることが、納税者側も便利です。そのため、財産評価基本通達が開示され、納税者の便宜に供しているという流れになるのです。

　そして、あくまでも「通達」に過ぎませんから、原則に戻り、不動産鑑定士による鑑定評価額である時価で評価するのも何ら問題ないこととなるのです。

　もっとも、現実問題として、本来はあるまじき話なのですが、税務署員のごく一部には相続税路線価を絶対視して鑑定評価額を有無をいわさず認めないという間違った理解をしている人もいるようです。

　そのような税務署員の誤解こそ一刻も早く是正すべきなのですが、現実問題としてそういった話もあるとの点も、頭の片隅に止めておいてもよいでしょう。

22 贈与税のしくみ

財産を贈与された者に課税される

◆1年間にもらった財産に課税される

　不動産に限らず、金銭などの財産を個人から個人へ贈与すると、贈与された者に**贈与税**が課されます（法人→個人の場合は所得税等、法人がもらう場合は法人税等）。

　ただ、贈与税法という法律はありません。相続税法の一部において贈与税が規定されていいます。

　贈与税（暦年贈与。後述の相続時精算課税に該当しない通常の贈与）の計算は、まず、その年の1月1日から12月31日までの1年間に贈与によりもらった財産の価額を合計します。その合計額から基礎控除額110万円を差し引き、その残りの金額に税率を乗じて税額を計算します。

　以下は、贈与税の速算表です。「特例贈与財産」に該当しない場合、以下の税率が書かれます。

●贈与税の速算表●

基礎控除後の課税価格	200万円以下	300万円以下	400万円以下	600万円以下	1,000万円以下	1,500万円以下	3,000万円以下	3,000万円超
税率	10%	15%	20%	30%	40%	45%	50%	55%
控除額	－	10万円	25万円	65万円	125万円	175万円	250万円	400万円

◆特例贈与財産とは

　以下の場合は「**特例贈与財産**」として割安な税率となります。

　「特例贈与財産」とは、直系尊属からの贈与により取得した財産で、財産を取得した者が贈与を受けた年の1月1日において18歳以上の者である場合

に限ります（令和４年３月31日以前の贈与については20歳以上）。

この場合にも、基礎控除額は110万円です。

●特例贈与財産の贈与税の速算表●

基礎控除後の課税価格	200万円以下	400万円以下	600万円以下	1,000万円以下	1,500万円以下	3,000万円以下	4,500万円以下	4,500万円超
税率	10%	15%	20%	30%	40%	45%	50%	55%
控除額	－	10万円	30万円	90万円	190万円	265万円	415万円	640万円

個人が個人から財産を110万円以上もらった場合は、もらった側には贈与税が課税されると理解すればよいでしょう。

23 贈与税の特例

夫婦間の居住用不動産などについては特例がある

◈贈与の場合も相続税と同じ評価額

よく子供や孫に金銭を贈与したという話はありますが、不動産となるとその規模が大きいのであまり贈与という話は聞きません。ただ、仮に不動産を贈与した場合、「贈与した不動産の価値がいくらか」を確定する必要があります。

もともと、贈与税は相続税法の規定の一部であることから、基本的には財産評価基本通達に基づく評価額で算定します。

なお、贈与の場合は、相続の場合とは異なり不動産取得税も課されます。

◈贈与税における特例

贈与の場合、一定の要件を満たせば活用できる特例が2つほどあります。

① 夫婦の間で居住用の不動産を贈与したときの配偶者控除

婚姻期間が20年以上の夫婦の間で、居住用不動産または居住用不動産を取得するための金銭の贈与が行われた場合、基礎控除110万円のほかに最高2,000万円まで控除（配偶者控除）できるという特例です。

② 直系尊属から住宅取得等資金の贈与を受けた場合の非課税

令和4年1月1日から令和5年12月31日までの間に、父母や祖父母など直系尊属からの贈与により、自己の居住の用に供する住宅用の家屋の新築、取得または増改築等の対価に充てるための金銭（住宅取得等資金）を取得した場合で、一定の要件を満たすときは、非課税限度額（贈与を受けた者ごとに省エネ等住宅の場合には1,000万円、それ以外の住宅の場合には500万円）までの金額について、贈与税が非課税となります。

これらの特例を受けようとする場合は、いずれも贈与税の確定申告が必要

です。

　不動産の贈与は財産評価基本通達に基づく評価額で把握する旨と、上記①②の特例の存在をご理解いただければと思います。

24 相続時精算課税制度とは

生前に財産を贈与して、相続時に税額を精算するしくみ

◆対象は成人の子や孫への贈与

　相続税・贈与税のなかでもやや異質な制度ですが、相続時精算課税制度について説明したいと思います。

　相続時精算税制度とは、「原則として60歳以上の父母または祖父母などから、成人（18歳以上）の子または孫などに対し、財産を贈与した場合において選択できる制度」です。

　受贈者の戸籍謄本などの一定の書類とともに贈与税の申告書に「相続時精算課税選択届出書」を添付して、この制度を選択した場合、以後は、累計で2,500万円までの贈与であれば贈与税の負担はなく、これを超える金額の贈与は一律に20％の贈与税を課税するものです。

　その上で、相続時精算課税にかかる贈与者が亡くなった時（相続発生時）に、それまでに贈与を受けた相続時精算課税の適用を受ける贈与財産の価額と相続や遺贈により取得した財産の価額とを合計した金額を基に計算した相続税額から、すでに納めた相続時精算課税にかかる贈与税相当額を控除して税額を算出します。

　なお、相続時精算課税にかかる贈与者以外の者から贈与を受けた財産については、通常の暦年課税の対象となり、その贈与財産の価額の合計額から基礎控除額110万円を控除した価格に贈与税の税率を適用して贈与税額を計算します。

◆結果的に不利になることも

　イメージとしては、「この制度を選択することで、将来の相続財産を先に贈与し（2,500万円までは贈与税がかからない）、最終的には生前に贈与した

財産を含めて相続税額を計算し、先に払った贈与税を相続税から差し引くことにより、相続時に精算することを通じて、贈与課税の負担額を相続税制の中に一体化させる制度」と考えておけばよいでしょう。

相続時精算課税制度の大きな注意点は以下です。

(ア)　小規模宅地等の特例の適用は受けられない

(イ)　相続税の計算は相続発生時ではなく贈与時の時価（相続税評価額）となる

(ウ)　令和5年までは暦年贈与の際の110万円の控除はない（改正予定）

実は、この(ア)が曲者です。

一般的な相続においては被相続人の自宅を相続するケースがほとんどでしょう。その場合、特定居住用宅地等の特例を適用して自宅の評価額を減額できるケースが多いでしょう。しかし、相続時精算課税精度を選択していると、特例の適用を受けられず、結果的に不利になることが多いのです。

しかも、不動産の場合、(イ)についても時価が上昇するとは限りません。むしろ建物の場合は、老朽化すればするほど固定資産税評価額（＝相続税評価額）が下落するので、亡くなった時のほうが相続税評価額は低くなります、その分、相続税が減少することが多いでしょうから、やはり損なことが多いでしょう。

何より、親御さんの立場からすると、亡くなった後ならともかく、自分が生きている間に財産を安易に子供に贈与で移転すると、万が一の際に自分自身の生活基盤が失われるリスクも生じるわけで、怖い面もあるでしょう。

このため、実は筆者も相続時精算課税制度を適用しているケースをほとんど見たことがありません。とはいえ、たとえば以下のようなケースでは、相続時精算課税制度の適用も考えられると思います。

• 鉄道や道路等の用地にするための買収が計画されているなどの理由で、所有している山林等が将来において高額での買取りが期待できるため、その後は相続税評価額が上昇し、相続税も増えると予測される場合

- 事業に供している財産を先に贈与すると、その後の事業による利益は子のものになるため、相続時に特定事業用宅地等の特例が適用できない不利を考慮しても、相続税の節税が期待できる場合

　相続時精算課税制度を適用するに際しては、税理士をまじえての綿密なシュミレーションの上で、その選択を行うべきでしょう。

　なお、令和5年の税制改正大綱（政府が定める税制の指針）によると、以下の変更が予測されます。

- 令和6年1月1日以後に贈与により取得する財産にかかる相続税または贈与税について、現行の基礎控除とは別途、課税価格から基礎控除110万円を控除できることとするとともに、特定贈与者の死亡にかかる相続税の課税価格に加算等をされる当該特定贈与者から贈与により取得した財産の価額は、上記の控除をした後の残額とする。
  （要するに現行法の注意点の(ウ)のデメリットが解消される）
- 現行法の注意点の(イ)について、令和6年1月1日以後に生ずる災害により被害を受けた場合は、その被害額を差し引ける

第 4 章

土地・建物を売ったときに
かかる税金

土地や建物を売却した場合、売却価格から取得費などの経費を差し引いた譲渡所得に税金が課されます。譲渡所得はどのように算定されるのか、どのような費用が経費と認められるのか、課税のしくみをみていきましょう。

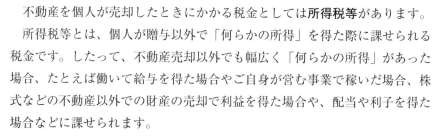

1 土地・建物を売却すると所得税がかかる

所得が出た場合は確定申告する

不動産を個人が売却したときにかかる税金としては**所得税等**があります。

所得税等とは、個人が贈与以外で「何らかの所得」を得た際に課せられる税金です。したって、不動産売却以外でも幅広く「何らかの所得」があった場合、たとえば働いて給与を得た場合やご自身が営む事業で稼いだ場合、株式などの不動産以外での財産の売却で利益を得た場合や、配当や利子を得た場合などに課せられます。

所得税等は、本来は1月～12月に得られた「何らかの所得」に対して、翌年3月15日の期限までに、「今年はこれだけの所得がありましたのでこの税額を納付します」という申告（これを確定申告といいます）をして納税することとなります。

このように書くと、「えっ、働いていて給与を得ているのに確定申告なんてしたことがない」と驚かれる方もおられるかもしれませんが、ご安心ください。

勤務先から給与を得ている大半の方は、給与の支払者（勤務先）が行う源泉徴収によって「会社が労働者の代わりに計算して代理で払ってくれている」ので、通常は確定申告は不要です。

しかし、普段は勤務先が対応してくれる等の理由で確定申告をしない方や、そもそも所得が低くて確定申告が不要な方も、土地を売却して儲けた（利益があった）場合は確定申告が必要となります。

なお、相続税の項で述べた準確定申告についても簡単に説明します。被相続人が亡くなった後に、被相続人について確定申告をする必要がある場合は、相続発生後4か月以内に相続人が代わって被相続人の確定申告をすることが義務付けられており、これを準確定申告といいます。

　不動産を売却し儲かった（譲渡所得といいます）などの所得がある場合は、所得税等の納税義務が生じるという点をご理解いただければよいでしょう。

◉不動産を売却したときの確定申告◉

個人が不動産を売却した

| 自分で課税所得を計算する | 税理士を雇って確定申告を依頼する |

「その売却で儲けがあるか」、すなわち譲渡所得があるかを検討する
（税理士に依頼した場合は、税理士が計算してくれる）

不動産に売却によるものを含む
その年の所得税の課税対象となる所得を計算し
税額を算定して所得税申告書を作成の上で
3月15日までに税務署に申告する
（税理士に依頼した場合は、税理士が計算してくれる）

その税額を納税する
※ただし、後述する特別控除等で結果的に税額が0円となる場合もある

譲渡価額から取得費などを差し引いたものが譲渡所得

　個人が不動産を売却した場合は、「売却による儲け」すなわち**譲渡所得**の額に応じた税金が課されます。不動産を売却した場合は、とりあえずは他の所得（給与所得や事業所得等）と分離して、それ自体で計算します。

　これを**分離課税**といいますが、給与やご自身で営む事業等による所得税等の計算とは別枠で、不動産の売却に伴う所得単体で税額を計算します。

　譲渡所得は、「その不動産を売却した際に得られた収入（**譲渡価額**）」から、「その不動産を取得した際の支出額（**取得費**）」および「その不動産の売却に際して生じた各種経費（**譲渡費用**）」と、後述する特別控除の適用がある場合は「控除額」を差し引いて計算します。

　ただし、建物については、取得時から譲渡までの間の価値の減価（税法の世界ではこれを減価償却といいます）の累計分を、取得した際の支出額から控除して取得費を計算します。

　通常は「その不動産を買ってから売るまでの儲け（課税所得）に対して税額を計算するが、一定の場合は特別控除の制度を適用して儲け（課税所得）を少なく見てくれる」と考えればよいでしょう。

　個人が不動産を売った時は、以下について把握しておけばよいでしょう。

---

① 売った時の価格（売却価格）…譲渡価額

② その不動産を取得した時に要した価格（取得費）

③ 売るのに要した費用（譲渡費用）

④ 買った時から売るまでの期間（税率に影響する）

---

⑤ 売った不動産の内容（特別控除の適用に必要）

◉個人が不動産を譲渡した時の基本的に把握すべき事項と手順◉

①売った時の価格（売却価格）…譲渡価格
②その不動産を取得した時のその不動産を購入するのに要した価格…取得費
　※建物の場合は過年度の減価償却累計額も考慮
③売るのに要した費用…譲渡費用
④買った時から売るまでの期間…税率に影響する
⑤その売った不動産の内容…マイホームかなど→特別控除の適用があるか等の
　把握に必要

個人が不動産を売った時は、まずはこの①〜⑤を把握し、税理士に申告を依頼
する場合はその内容を伝えることが必要

その上で、税理士に申告を委ねるか、場合によっては自らの手で確定申告をし
て、所得税等を納税する

3 譲渡価額は売ったときの価格

固定資産税や都市計画税の精算分も含まれる

　不動産を譲渡した場合の譲渡価額は、基本的には売却した時の価格です。この売却価格は、実際の不動産売買の契約書に基づき把握します。

　ただし、実務上は、その不動産売買に際して固定資産税・都市計画税の精算分を加算して買い手から売り手に支払われることが通常ですので、その精算分も譲渡価額に含むこととなります。

　固定資産税・都市計画税は毎年1月1日～12月31日分の税金がその年の1月1日の所有者に課されるため、1月1日以外の日に売買しても、1月1日の所有者に各自治体からの固定資産税・都市計画税の請求が行きます。

　しかし、すでに不動産の所有権が移転している場合、固定資産税・都市計画税の年額のうち、所有権移転後の期間の分は本来は新しい所有者であるその不動産の買主が払うべきです。

　そのため、この分を精算する意味で、契約上の売買価格に所有権移転後から12月31日までの固定資産税・都市計画税の精算分を加算することが実務上ではよくあるのですが、これも譲渡価額を構成することになるのです。

　さらに、場合によってはその他の精算等も実態として譲渡価額に加算されるケースも考えられなくもありません。

　通常の不動産売却の際の譲渡価額は、「売却代金が基本で、場合によっては固定資産税・都市計画税等の精算分を加えた額」と考えておけばよいでしょう。

●譲渡価額と固定資産税・都市計画税の精算●

> 例…4月17日に5,000万円である土地を売買し、合わせて固定資産税・都市計画税の日割り計算分も精算するものとする。
> その年の1月1日の所有者に課される土地の固定資産税・都市計画税は584,000円（1日当たり1,600円）であったとする。

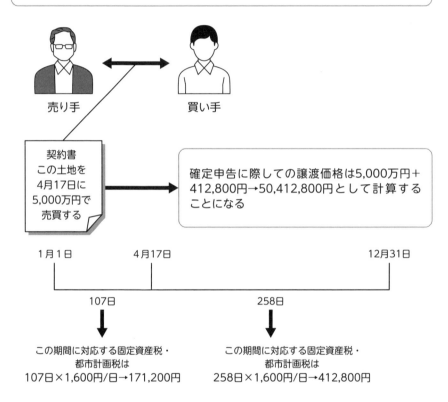

売り手　　　買い手

契約書
この土地を
4月17日に
5,000万円で
売買する

確定申告に際しての譲渡価格は5,000万円＋412,800円→50,412,800円として計算することになる

| 1月1日 | 4月17日 | 12月31日 |

107日　　　　　　　258日

この期間に対応する固定資産税・都市計画税は
107日×1,600円/日→171,200円

この期間に対応する固定資産税・都市計画税は
258日×1,600円/日→412,800円

4 その不動産を取得したときの価格が取得費

取得費が明らかでない場合は「譲渡価額の5％」が原則

◆相続した不動産は、相続する前に取得した価格

取得費とは、「その不動産を取得した際の取得に要した対価」と考えてよいでしょう。

なお、個人が相続でその不動産を取得した場合は、その相続前に親御さんや祖父・祖母等が、親族ではない第三者から取得した価格が取得費として扱われます。

したがって、その不動産を取得したときの契約書を用意して、そのときの契約金額等に基づいて計算することが本来の形です。

◆取得費概算とは

しかし、大昔に取得した不動産につては契約書が残っていないことも多いです。

このような場合や、あるいは先祖代々からの土地で、そもそも取得費という概念がない（もしくは、あったとしても実際の取得費が譲渡価額の5％を下回る）ような不動産を売却した場合は「譲渡価額×5％」を取得費と見なしてよいとの規定があり、これに基づき所得税等を計算できます（これを**取得費概算**といいます）。

ただ、たとえば祖父母の代が戦前から所有していた不動産である場合は仕方がないのですが、個人的には昭和40年代以降あたりに取得した不動産については、通常は実際の取得価格は取得費概算の5％よりはるかに高額であるケースが多いでしょう。

取得費は額が大きいほうが譲渡所得は減りますから、所得税等も減少します。ですので、でき得る限り、実際の取得費が判明する資料を探すべきでし

●取得費の把握●

※戦前に取得等の古い不動産は仕方がないが、概ね昭和40年台以降の不動産についてはできる限り、実際の取得費を把握することが望ましい(取得費概算5％は損な場合が通常であるので)

■ある土地の取得時と売買時の契約書があった場合

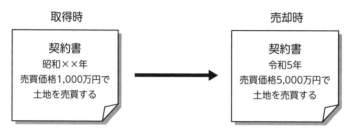

取得時		売却時
契約書 昭和××年 売買価格1,000万円で 土地を売買する	→	**契約書** 令和5年 売買価格5,000万円で 土地を売買する

税率が20.315％で特別控除等の該当がなく、譲渡経費が400万円とすれば、本来は、

（5,000万円－1,000万円－400万円）×20.315％→7,313,400円

と、なる。

ところが、取得時の昭和××年の契約書が発見できないと、取得費1,000万円の根拠がないので取得費概算5％で計算せざるを得ない。

このため、

（5,000万円－5,000万円×5％－400万円）×20.315％→8,837,025円

となり、差額の1,523,625円も税負担が増えてしまう。

このように、できれば実際の取得時の実額の判明するものを把握することが望ましい。

※実務的には、契約書が出てこなくとも、取得時の登記の抵当権設定額等に基づき取得費を推察する場合もなくはないが、税務署による否認リスク(その結果、取得費概算5％扱いとなる上に、延滞税等も加算される危険もある)もある点は留意すべきである。
なお、古い登記の内容はインターネットの登記情報サービスでは取得できない場合も多いが、管轄法務局に交付請求をすれば閉鎖された昔の登記の内容（閉鎖登記簿という）の写しも取得可能であるので、適宜対応すべきである。
このあたりは、できれは税理士に相談するのが望ましい。

ょう。

　なお、どうしても見つからない場合も、後述する市街地価格指数に基づく裏技的な方法もありますが、あくまでも裏技に過ぎず、税務署に否認されて取得費概算（5％）で計算されるリスクもありますので、できる限り資料は探すべきです。

　逆にいえば、不動産を取得する場合も、将来、その不動産を売却する際に備えてきちんと契約書を残しておき、できればスキャンデータ等も保管して税理士ともデータを共有しておくに越したことはないでしょう。

　不動産売却時の取得費は、原則、その不動産を取得したときの実際の支出額に基づくという点を理解すればよいでしょう。

5 譲渡費用には さまざまなものがある

不動産の譲渡に関連して支払った経費

次に**譲渡費用**について説明しましょう。国税庁のサイトによると以下ように説明されています。

譲渡費用の主なものは次のとおりです。

---

(1) 土地や建物を売るために支払った仲介手数料

(2) 印紙税で売主が負担したもの

(3) 貸家を売るため、借家人に家屋を明け渡してもらうときに支払う立退料

(4) 土地などを売るためにその上の建物を取り壊したときの取壊し費用とその建物の損失額

(5) すでに売買契約を締結している資産をさらに有利な条件で売るために支払った違約金

　これは、土地などを売る契約をした後、その土地などをより高い価額で他に売却するために既契約者との契約解除に伴い支出した違約金のことです。

(6) 借地権を売るときに地主の承諾をもらうために支払った名義書換料など

このように、譲渡費用とは売るために直接かかった費用をいいます。したがって、修繕費や固定資産税などその資産の維持や管理のためにかかった費用、売った代金の取立てのための費用などは譲渡費用になりません。

ここで、補足をしたいと思います。

修繕費や固定資産税などその資産の維持や管理のためにかかった費用、売

った代金の取立てのための費用は、確かに譲渡費用とはなりません。

　しかし、その個人が事業を営んでいて、事業に関連する支出であれば「事業経費」として税負担を減らす効果が生じますので、事業を営んでいる場合はあきらめずに経費計上（税負担を減らす）すべきでしょう。

　また、実務的には、一般の方が「これは譲渡費用に含まれない」と思っていても、税理士から見ると実は譲渡費用化できる場合もあります。

　譲渡費用に関しては、「譲渡に際して払った支出の領収書」を一通り集めておいて、税理士に譲渡費用に含められるかを判断してもらうとよい点を理解すればよいでしょう。

<h3 align="center">◉譲渡費用とは◉</h3>

不動産を譲渡するのに要した一定の経費は、課税所得計算上の譲渡費用に含めることができる。

しかし、実務的には、「一般の方の見解」と「税理士（税務署）の見解」が分かれるため、一般の人が経費にならないと思っていても、実は譲渡費用に含めることができる場合もあり得る。
また、逆に含めてはまずいものも一般の方は含めていることもある。

一般の方が税理士に依頼をしている場合は、その譲渡に際して支払ったすべての領収書を保管の上で税理士に提示し、「譲渡費用にできるか」を相談するのが適切である。

6 譲渡所得にかかる税率

長期譲渡所得と短期譲渡所得で税率は異なる

◆5年を超えて所有していた場合は税金が安くなる

不動産を売却したときにかかる所得税は、譲渡所得に税率を乗じて計算します。

「売却した年の1月1日現在で、その不動産を取得したときから5年を経過している」場合は**長期譲渡所得**となり、税率は「所得税15％、住民税5％、復興特別所得税0.315％」の合計20.315％となります。

「売却した年の1月1日現在で、その不動産を取得したときから5年を経過していない」場合は**短期譲渡所得**となり、税率は「所得税30％、住民税9％、復興特別所得税0.63％」の合計39.63％となります。

◆マイホームを売却したときは軽減税率がある

ただし、例外があります。

後述する**マイホーム軽減税率**の適用がある場合は、課税所得が6,000万円までの部分について「所得税10％、住民税4％、復興特別所得税0.21％」の14.21％となります。なお、6,000万円を超える部分は通常の長期譲渡所得同様に20.315％となります。

たとえば、後述する特別控除を考慮後の課税所得が7,000万円であれば、

6,000万円×14.21％＋1,000万円×20.315％→10,557,500円

が所得税等の税額になります。

前項の取得費の判定と同様に、長期譲渡所得か短期譲渡所得かの判定に際しては、相続や贈与、遺贈で取得した場合は、被相続人である親御さんや祖父母が取得した時点を起算点とする旨もご記憶いただければと思います。

「基本は、税率20.315％であるが、おおむね５年以内程度の短期間しか所有していない場合は39.63％となる一方で、一定の要件を満たすマイホームを売却した場合はマイホーム軽減税率の特例で14.21％となる」と理解しておけばよいでしょう。

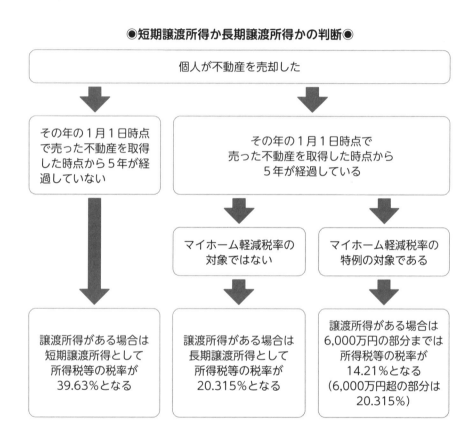

●短期譲渡所得か長期譲渡所得かの判断●

個人が不動産を売却した

その年の１月１日時点で売った不動産を取得した時点から５年が経過していない

その年の１月１日時点で売った不動産を取得した時点から５年が経過している

マイホーム軽減税率の対象ではない

マイホーム軽減税率の特例の対象である

譲渡所得がある場合は短期譲渡所得として所得税等の税率が39.63％となる

譲渡所得がある場合は長期譲渡所得として所得税等の税率が20.315％となる

譲渡所得がある場合は6,000万円の部分までは所得税等の税率が14.21％となる（6,000万円超の部分は20.315％）

7 さまざまな特別控除

一定の額を譲渡所得から差し引ける

◆課税所得から控除される

　不動産を売却した際に、一定の条件に該当する場合は、一定の額を課税所得から差し引いて税額を計算してくれる「特別控除」の制度があります。

　一定の場合、課税所得を低く見ることで税金を少なくしてくれる特別控除の制度があると理解しておけばよいでしょう。

　特別控除の制度としては、以下のようなものがあります。

（以下、国税庁のサイトの抜粋より～この他にも、レアケースですがさまざまな特例があります）

---

(1)　公共事業などのために土地や建物を売った場合の5,000万円の特別控除の特例

(2)　マイホーム（居住用財産）を売った場合の3,000万円の特別控除の特例

　　　（被相続人の居住用財産（空き家）を売った場合の3,000万円の特別控除の特例）

(3)　特定土地区画整理事業などのために土地を売った場合の2,000万円の特別控除の特例

(4)　特定住宅地造成事業などのために土地を売った場合の1,500万円の特別控除の特例

(5)　平成21年及び平成22年に取得した国内にある土地を譲渡した場合の1,000万円の特別控除の特例

(6)　農地保有の合理化などのために土地を売った場合の800万円の特別控除の特例

---

(7) 低未利用土地等を売った場合の100万円の特別控除の特例

たとえば、(1)の公共事業などのために、昭和年代に取得した更地であった土地を売った場合で、譲渡価格が7,000万円、譲渡費用400万円、取得費600万円ならば、本来は

$$(7,000万円 - 400万円 - 600万円) × 税率20.315％ → 所得税等が1,218.9万円$$

であるところ、この特例を使うことで

$$(7,000万円 - 400万円 - 600万円 - 5000万円) × 税率20.315％ → 所得税等が203.15万円$$

と、課税所得から5,000万円が控除され、税額が低くなります。

◈控除額は譲渡所得が限度

なお、以下の点にもご留意いただければと思います。

(1) それぞれの特別控除額は、特例ごとの譲渡益が限度となります。
　　課税所得が2,500万円の場合、居住用財産の特別控除の特例（後述）が3,000万円だからといって3,000万円を差し引いて「500万円の赤字」と扱うことはなく、この場合は2,500万円だけが控除の対象となります。、
(2) 特別控除額は、その年の譲渡益の全体を通じて、合計5,000万円が限度となります。
(3) 5,000万円に達するまでの特別控除額の控除は、上記(1)から(7)の特例の順に行います。

また、たまに混同される方がいるのですが、譲渡所得の額が控除額を超えたからといって適用できないわけではありません。たとえば居住用財産の譲渡の特例は控除額3,000万円ですが、これに関する譲渡所得が4,000万円の場合、3,000万円部分のみが控除となって、残りの1,000万円に対して税率を乗じて

所得税等が課税されます。

　特別控除の制度があるということを念頭におき、税理士に「この不動産の売却は何かの特別控除に該当するか」を訪ねるとよいでしょう。

◉特別控除のしくみ◉

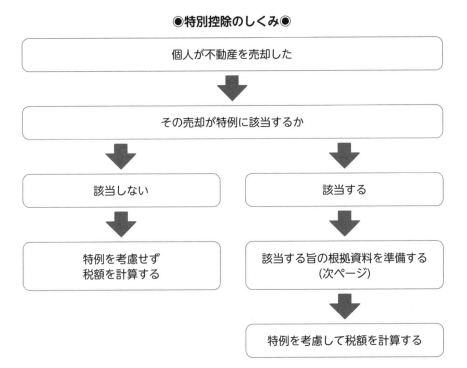

個人が不動産を売却した

その売却が特例に該当するか

該当しない

該当する

特例を考慮せず
税額を計算する

該当する旨の根拠資料を準備する
（次ページ）

特例を考慮して税額を計算する

申告書添付書類チェックシート

申告書を提出する前に、これらの書類がが揃っているかチェックしましょう。

1．居住用財産を売却した場合の課税の特例の適用を受ける場合

項目等		添付する書類	確認
居住用財産を売却した場合の3,000万円控除の特例 （措法35条1項）	①	譲渡所得の内訳書（確定申告書付表兼計算明細書）【土地・建物用】	☐
	②	譲渡契約締結日の前日において、住民票に記載されていた住所と売却した居住用財産の所在地とが異なる場合は、**戸籍の附票の写しなど**	☐
被相続人の居住用財産を売却した場合の3,000万円控除の特例 （措法35条3項）	①	譲渡所得の内訳書（確定申告書付表兼計算明細書）【土地・建物用】 ※この特例の適用を受ける場合は、「5面」の添付が必要です。	☐
	②	被相続人居住用家屋及びその敷地等の**登記事項証明書**[※]など	☐
	③	売却した資産の所在地を管轄する市区町村長から交付を受けた「**被相続人居住用家屋等確認書**」	☐
	④	売却した資産に係る**売買契約書の写し**などで、その譲渡価額が1億円以下であることを明らかにするもの	☐
	⑤	被相続人居住用家屋の譲渡がある場合には、**耐震基準適合証明書又は建設住宅性能評価書の写し**	☐
居住用財産を売却した場合の軽減税率の特例 （措法31条の3）	①	譲渡所得の内訳書（確定申告書付表兼計算明細書）【土地・建物用】	☐
	②	譲渡契約締結日の前日において、住民票に記載されていた住所と売却した居住用財産の所在地とが異なる場合は、**戸籍の附票の写しなど**	☐
	③	売却した居住用財産の**登記事項証明書**[※]	☐
特定の居住用財産を売却した場合の買換えの特例 （措法36条の2）	①	譲渡所得の内訳書（確定申告書付表兼計算明細書）【土地・建物用】	☐
	②	売却した居住用財産の**登記事項証明書**[※]など	☐
	③	譲渡契約締結日の前日において住民票に記載されていた住所と売却した居住用財産の所在地とが異なる場合や、売却した日前10年内において住民票に記載されていた住所を異動したことがある場合は、**戸籍の附票の写しなど**	☐
	④	売却した居住用財産に係る**売買契約書の写し**などで、その譲渡価額が1億円以下であることを明らかにするもの	☐
	⑤	買い換えた居住用財産の**登記事項証明書**[※]、**売買契約書の写しなど**	☐
	⑥	買換資産が築25年を超える中古住宅である場合は、**耐震基準適合証明書、建設住宅性能評価書の写し又は既存住宅売買瑕疵担保責任保険契約**が締結されていることを証する書類	☐
	⑦	令和5年中に買換資産を取得する見込みである場合は、⑤・⑥に代えて「**買換（代替）資産の明細書**」（この場合、⑤・⑥は買換資産を取得した日から4か月以内に提出が必要です。）	☐
居住用財産の買換え等の場合の譲渡損失の損益通算及び繰越控除の特例 （措法41条の5）	①	**居住用財産の譲渡損失の金額の明細書《確定申告書付表》**	☐
	②	**居住用財産の譲渡損失の損益通算及び繰越控除の対象となる金額の計算書【租税特別措置法第41条の5用】**	☐
	③	売却した居住用財産の**登記事項証明書**[※]、**売買契約書の写しなど**	☐
	④	譲渡契約締結日の前日において、住民票に記載されていた住所と売却した居住用財産の所在地とが異なる場合は、**戸籍の附票の写しなど**	☐
	⑤	買い換えた居住用財産の**登記事項証明書**[※]、**売買契約書の写しなど**	☐
	⑥	買い換えた居住用財産の住宅借入金等の**残高証明書**	☐
	(注)	買換資産の取得が令和5年中に行われる場合には、⑤・⑥は、**令和5年分の**確定申告書に添付し、提出期限までに提出しなければなりません。	☐

項目等		添付する書類	確認
特定居住用財産の譲渡損失の損益通算及び繰越控除の特例（措法41条の5の2）	①	特定居住用財産の譲渡損失の金額の明細書《確定申告書付表》	☐
	②	特定居住用財産の譲渡損失の損益通算及び繰越控除の対象となる金額の計算書【租税特別措置法第41条の5の2用】	☐
	③	売却した居住用財産の**登記事項証明書**^(※)、**売買契約書の写し**など	☐
	④	譲渡契約締結日の前日において、住民票に記載されていた住所と売却した居住用財産の所在地とが異なる場合は、**戸籍の附票の写し**など	☐
	⑤	譲渡資産に係る住宅借入金等の**残高証明書**（譲渡契約締結日の前日のもの）	☐

※　登記事項証明書の添付については、その写し又は「譲渡所得の特例の適用を受ける場合の不動産に係る不動産番号等の明細書」などの不動産番号等の記載のある書類の添付によりこれに代えることができます。

2．収用等の場合の課税の特例の適用を受ける場合

項目等		添付する書類	確認
収用等により代替資産などを取得した場合の特例（措法33条）	①	譲渡所得の内訳書（確定申告書付表兼計算明細書）【土地・建物用】	☐
	②	収用等証明書（公共事業施行者から交付を受けたもの）	☐
	③	代替資産を取得した旨を証する書類（代替資産の**登記事項証明書**^(※)など）	☐
	④	令和5年以後取得期限までに、代替資産を取得する見込みである場合には、③に代えて**「買換（代替）資産の明細書」**（この場合、③は**代替資産を取得した日から4か月以内**に提出が必要です。）	☐
収用等により資産が買い取られた場合の5,000万円控除の特例（措法33条の4）	①	譲渡所得の内訳書（確定申告書付表兼計算明細書）【土地・建物用】	☐
	②	収用等証明書（公共事業施行者から交付を受けたもの）	☐
	③	**公共事業用資産の買取り等の申出証明書**（公共事業施行者から交付を受けたもの）	☐
	④	**公共事業用資産の買取り等の証明書**（公共事業施行者から交付を受けたもの）	☐
特定土地区画整理事業等のために土地等を売却した場合の2,000万円の特別控除の特例（措法34条）	①	譲渡所得の内訳書（確定申告書付表兼計算明細書）【土地・建物用】	☐
	②	特定土地区画整理事業等のために土地等の買取りがあったことを証する書類等	☐
特定住宅地造成事業等のために土地等を売却した場合の1,500万円の特別控除の特例（措法34条の2）	①	譲渡所得の内訳書（確定申告書付表兼計算明細書）【土地・建物用】	☐
	②	特定住宅地造成事業等のために土地等の買取りがあったことを証する書類等	☐

※　登記事項証明書の添付については、その写し又は「譲渡所得の特例の適用を受ける場合の不動産に係る不動産番号等の明細書」などの不動産番号等の記載のある書類の添付によりこれに代えることができます。

項目等		添付する書類	確認
農地保有の合理化等のために農地等を売却した場合の800万円の特別控除の特例（措法34条の3）	①	譲渡所得の内訳書（確定申告書付表兼計算明細書）【土地・建物用】	☐
	②	農地保有の合理化等のために譲渡した場合に該当する旨を証する書類等	☐

（国税庁のサイトより）

居住用財産の特別控除のしくみ

マイホームを売ったら最高3,000万円まで控除できる

◈居住用財産を譲渡した場合の3,000万円の特別控除の特例

　この項では、特別控除の中でも圧倒的によく使われる**居住用財産の特別控除**のしくみについて説明したいと思います。

　マイホーム（居住用財産）を売ったときは、所有期間の長短に関係なく譲渡所得から最高3,000万円まで控除ができる特例があります。これを「居住用財産を譲渡した場合の3,000万円の特別控除の特例」といいます。

　その要件は以下のとおりです（国税庁のサイトより）。

---

(1)　住んでいた家屋または住まなくなった家屋を取り壊した場合は、次の2つの要件すべてに当てはまることが必要です。

　イ　その敷地の譲渡契約が、家屋を取り壊した日から1年以内に締結され、かつ、住まなくなった日から3年を経過する日の属する年の12月31日までに売ること。

　ロ　家屋を取り壊してから譲渡契約を締結した日まで、その敷地を貸駐車場などその他の用に供していないこと。

(2)　売った年の前年および前々年にこの特例（「被相続人の居住用財産に係る譲渡所得の特別控除の特例」により特例の適用を受けている場合を除きます）またはマイホームの譲渡損失についての損益通算および繰越控除の特例の適用を受けていないこと。

(3)　売った年、その前年および前々年にマイホームの買換えやマイホームの交換の特例の適用を受けていないこと。

(4)　売った家屋や敷地等について、収用等の場合の特別控除など他の特例の適用を受けていないこと。

(5) 災害によって滅失した家屋の場合は、その敷地を住まなくなった日から３年を経過する日の属する年の12月31日までに売ること。
(6) 売手と買手が、親子や夫婦など特別な関係でないこと。

確定申告に際しては、確定申告書に次の書類を添えて提出することが必要です。
• 譲渡所得の内訳書（確定申告書付表兼計算明細書）［土地・建物用］

なお、マイホームの売買契約日の前日において、そのマイホームを売った人の住民票に記載されていた住所とマイホームの所在地とが異なる場合などには、戸籍の附票の写し、消除された戸籍の附票の写しその他これらに類する書類で、マイホームを売った人がそのマイホームを居住の用に供していたことを明らかにするものを、併せて提出してください。

要するに、適切に確定申告をし、前述の(1)～(6)の要件を満たすことを要件に、「マイホームもしくはマイホームであった建物解体後の土地」を売却した場合で、儲け（課税取得）がある場合でも、その儲けのうち3,000万円までは課税しない」という規定と、理解をしておけばよいでしょう。

◈具体的な控除の計算（設例）

譲渡価額（売却した価格）4,000万円、取得費1,000万円、譲渡費用500万円の、居住用財産の特例の要件を満たすマイホームであった建物を解体した後の土地を売却したとします。
この場合の所得税等の額はどうなるでしょうか。

居住用財産の特別控除の特例を適用して、

譲渡価額4,000万円－取得費1,000万円－譲渡経費500万円－特別控除3,000万＜０円ですので、確定申告をすれば所得税等はかかりません。

この場合は「4,000万円―取得費1,000万円―譲渡経費500万円」（譲渡所得）は2,500万円ですので、控除額3,000万円の枠内です。つまり、この例のように「儲けが3,000万円以内」であれば、適切に確定申告さえすれば所得税等は課されないこととなります。

　ただし、この特例は「当初申告要件」、すなわち「最初の確定申告の際に適用する旨を宣言しておかないと、後で修正申告しても突っぱねられる」特例です。

　確定申告前には、くれぐれも「不動産売却を税理士に伝えるのを失念していた」なんてことはないように注意しましょう。

**　居住用財産を譲渡した場合は、3,000万円までは特別控除の特例があるので、適用できる場合は確実に活用すべきと理解しておけばよいでしょう。**

9 特別の関係にある者同士の売買についての注意点

適正な時価と実際の譲渡価額の差に課税される

◆みなし課税とは

ここまで、個人が不動産を売却した場合の所得税等について説明しました。ここで、注意したい点があります。

実は、不動産の売買は「適切な時価」で売買されたことを前提として、その譲渡価額を把握し、取得費や譲渡費用その他を考慮して課税されます。まったくの利害関係のない第三者に売却した場合は、通常、譲渡価額はその売却額が時価と見なされます。この場合は時価で売買し、それが譲渡価額と扱われると考えて差し支えありません。

しかし、たとえば親族間であるとか、個人とその人が経営する会社との間の取引等、特別な関係のある者同士の間での売買だと話が違ってきます。なぜなら、特別な関係にあることを都合よく使って、実質的な利益移転ができる場合があるからです。

幅広い公平な課税を実施するためには、このような実質的な利益移転に際しても課税をしないと税法の考え方としては不都合です。このため、税法では、このような特別な関係にある者同士の間における不動産取引では、「時価と実際の譲渡価額との差額」についても課税することとなります（**みなし課税**）。

◆個人間の取引では贈与税が課されることも

このような場合の時価は、本来的には、その時点の不動産の適正な時価（公正価値）を決定する専門家である不動産鑑定士による鑑定評価書で判断・決定されることが原則です。実務上は、価値の低い不動産の場合、土地については「相続税路線価に基づくその土地の評価額÷0.8」で評価することもあ

るようですが、これは例外的、簡便的な手法であり、本来的には不動産鑑定士による鑑定評価額を基軸に時価を判断すべきでしょう。

時価と譲渡価額の差額が買い手にとって有利な場合は、その差額について、個人同士の取引であれば贈与税が、法人・個人間の取引で個人が有利な取引であれば所得税等が課されます。

親族や経営する法人等の特別な関係にある者との不動産取引は、適正な時価と実際の売買価格との差額は課税されると覚えておけばよいでしょう。

なお、この考え方は個人が恩恵を受ける場合に限った話ではなく、個人と特別な関係にある法人間で法人側に有利な不動産取引を行う場合や、親会社と子会社の間の取引等の特別な関係にある法人同士の取引にもついても同様です。

時価と譲渡価額の差額がその法人にとって有利な場合は、その差額について法人税等が課されます。

●利害関係のある者同士の取引の場合●

利害関係のある者同士の取引…時価（市場での公正価値）と異なる価格で売買することで、何も規制かなければ実質的に「無税で利益移転」する結果となりかねず、課税の公平の観点から望ましくない。

このため、時価と実際の取引価格の差額は贈与税か所得税等か法人税等のいずれかが課税される。

このため、親族間同士や、個人とその個人が大株主である会社間で不動産の取引をする際は、不動産鑑定士の鑑定評価額で時価（市場での公正価値）を明確にして、これに基づき取引することが求められる。

マイホーム軽減税率のしくみ

要件を満たせば税率が低くなる

　マイホーム軽減税率とは、一定のマイホームを売った場合、税率が所得税・住民税・復興特別所得税の合計で、課税所得のうち6,000万円までの部分は14.21％となる制度です。

　この適用を受けるためには以下の要件をすべて満たす必要があります（国税庁のサイトより）。

---

(1)　日本国内にある自分が住んでいる家屋を売るか、家屋とともにその敷地を売ること。

　　以前に住んでいた家屋や敷地の場合には、住まなくなった日から3年を経過する日の属する年の12月31日までに売ること。また、これらの家屋が災害により滅失した場合には、その敷地に住まなくなった日から3年を経過する日の属する年の12月31日までに売ること。

(注)　住んでいた家屋または住まなくなった家屋を取り壊した場合は、次の3つの要件すべてに当てはまることが必要です。

イ　取り壊された家屋およびその敷地は、家屋が取り壊された日の属する年の1月1日において所有期間が10年を超えるものであること。

ロ　その敷地の譲渡契約が、家屋を取り壊した日から1年以内に締結され、かつ、住まなくなった日から3年を経過する日の属する年の12月31日までに売ること。

ハ　家屋を取り壊してから譲渡契約を締結した日まで、その敷地を貸駐車場などその他の用に供していないこと。

(2)　売った年の1月1日において売った家屋や敷地の所有期間がともに10年を超えていること。

(3)　売った年の前年および前々年にこの特例の適用を受けていないこと。

---

(4) 売った家屋や敷地についてマイホームの買換えや交換の特例など他の特例の適用を受けていないこと。

　　ただし、マイホームを売ったときの3,000万円の特別控除の特例と軽減税率の特例は、重ねて受けることができます。

(5) 親子や夫婦など「特別の関係がある人」に対して売ったものでないこと。

　一定の要件に該当するマイホームを売却した場合は、適切に確定申告をすることを条件に課税所得6,000万円までは14.21％に税率が軽減されることを理解すればよいでしょう。

●マイホーム軽減税率の計算例●

譲渡価額150,000,000円、取得費20,000,000円、譲渡経費10,000,000円の10年以上住み続けた、マイホーム軽減税率の適用対象である不動産（建物解体後の土地）があり、居住用財産の特別控除が適用できるマイホームを売却しました。
さて、所得税等はどうなるでしょうか。

解　答

譲渡価額150,000,000円－取得費20,000,000円－譲渡経費10,000,000円－特別控除30,000,000円＝90,000,000円…特別控除後の譲渡所得
そのうち、60,000,000円までは所得税等の税率は14.21％のため、
60,000,000円×14.21％→8,526,000円
残りの90,000,000円－60,000,000円＝30,000,000円の所得税等の税率は長期所得税率は20.315％のため、
30,000,000円×20.315％→6,094,500円
よって、8,526,000円＋6,094,500円＝14,620,500円

11 居住用財産の買換え特例のしくみ

3,000万円控除の代わりに買換え特例も選択できる

　先に、自宅を売却した場合の「居住用財産を譲渡した場合の3,000万円の特別控除の特例」について説明しましたが、実はこれに代わり、一定の要件を満たす場合は特定の**居住用財産の買換え**の特例の適用も可能です（両方の重複適用は不可）。

　これは、「今回の売却に際しては、譲渡所得（譲渡価額と取得費・譲渡費用の差額）について課税しない代わり、今回取得した居住用財産（自宅）を将来、売却する際に、その譲渡所得のみならず、今回の譲渡所得も含めて譲渡益に対する所得税等を計算する」というものです。

　個人的には、この「3,000万円の特別控除」のほうがお得な場合が多いと思います。なぜなら、今回の売却と、今回取得した住宅の将来の売却時に、一定の要件を満たし、かつ3,000万円控除の制度が変わっていなければ（この制度が変わることはなかなか考えにくいとは思われます）、2回とも3,000万円控除の制度が使え、実質的に6,000万円控除同然となりますのでトータルの税金は安くなるからです。

　また、そもそも今回の譲渡所得が3,000万円以下の場合は、こちらを使っても所得税等は課されませんので、3,000万円控除の活用を否定する理由はありません。

　しかし、仮に譲渡所得が3,000万円を超えていて、資金繰りの問題から所得税等の負担が厳しく、かつ今回取得した住宅を当分は売却する予定がない場合は、買換え特例の適用も考えられます。

　個々の状況によるので一概にいえませんが、ご自身の状況に合わせて、どちらかを選択して適用することが適切と考えられます。

　今回の課税所得に課税しない代わり、今回、買い換えた住宅を将来に売却した際に今回の課税所得分も含めて課税する「買換え特例」という制度もある点を理解しておけばよいでしょう。

●被相続人の居住用財産（空き家）を売ったときの特例●

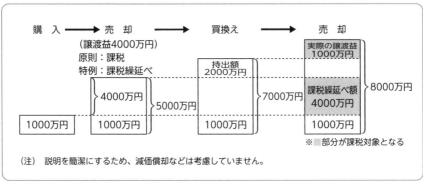

（注）　説明を簡潔にするため、減価償却などは考慮していません。

（国税庁のサイトより）

12 取得費概算と市街地価格指数

市街地価格指数による取得費推計が実務上は使われている

　土地を売った場合、古くから所有している場合は土地の取得費が不明であることがあります。

　この場合、前述のとおり実際の取得費が譲渡価額の５％未満の場合は、譲渡価額の５％を取得費（取得費概算）と見なしてよいとの規定があります。

　しかし、昭和40年代以降あたりに取得した場合は、実際の取得費はよほどの事情がない限りは、５％よりはるかに高額であることが多いでしょう。

　本来、取得費が不明である場合、５％を取得費と見なして計算せざるを得ません。しかし、取得費概算５％を使った場合、譲渡所得が膨らみ、税額が膨らみます。

　実はこの場合、一つだけ裏技がありますのでご紹介したいと思います。

　国税不服審判所という国税庁の中の税金の裁判所のようなところがあるのですが、平成12年11月16日の裁決事例として、譲渡価額に「取得時点の市街地価格指数÷譲渡時点の市街地価格指数」を乗じた価格を取得費と見なして所得税等を計算するという内容が裁決されました。

　要するに、譲渡価額を今の指数と昔の指数を見比べて補正した価格を取得費と見なすという考え方です。このため、裁決事例に基づき、市街地価格指数に基づく**取得費推計**という手法が実務上は活用されています。

　ただし、正規の税法に則ったものではないため、内容次第で税務署による否認の可能性があり、不確実な点はご記憶いただければと思います。

　なお、国土交通省による公示価格や都道府県地価調査基準地価格ではなく市街地価格指数を用いたのは、公示価格や基準地価格は昭和40年代以降の制度であるため、それより昔は遡及できないからと思われます。筆者個人の意見としては昭和50年代以降であればより地域の実情を反映するとの意味で公示価格や基準地価格等で遡及したほうがよいと考えています。

市街地価格指数により取得費推計という手段があることをご記憶いただき、昭和40年代以降に取得した土地で取得費が不明な場合は、税理士にこの裁決事例に基づく取得費の計算を提案することを検討してもよいでしょう。

◉本来の取得費◉

土地の譲渡はこのような所得税等の計算体系のため、取得費が高額であるほど譲渡所得税等は少なくなる

| 譲渡所得 | = | 譲渡価額 | − | 取得費 | − | 譲渡経費 | − | 各種控除 |

これに税率を乗じて税額は計算される

譲渡所得税等

本来は実際の取得費が不明な場合（もしくは実際の取得費が譲渡価格の5％以下の場合）は5％
しかし、昭和40年代以降あたりに取得している場合は5％よりも実際の取得費は高額と推定される場合が多いため、税額はかさ増しされていると推察される。

財団法人日本不動産研究所が統計を取っている市街地価格指数に基づき取得費を推計する手法が平成12年11月16日の裁決事例で提示された

 裁決事例の計算式のイメージ

$$\text{市街地価格指数（等）に基づく取得費の推計額} = \text{譲渡価額} \times \frac{\text{かつて取得した時点の市街地価格指数（もしくは公示価格等）}}{\text{譲渡した時点の市街地価格指数（もしくは公示価格等）}}$$

※なお、「だったら本当の取得費を知っている場合であっても、裁決事例に基づく取得費のほうが高額な場合は、本当の取得費を隠して取得費を計算すればよいではないか」との話も出てきますが、これは感心しません。税法はあくまでも実際の取得費を前提とし、「本当にわからない場合の代替」として裁決は許容しているからです。
裁決の手法を用いるのは本当に手を尽くしても取得費が把握できない場合だけと考えるべきでしょう。

13 住宅ローンの残るマイホームを売却し「損が出た」場合の特例

一定の限度額の範囲で損した分を他の所得と通算できる

マイホームを売却した場合、必ず課税所得（儲け）が出るとは限りません。

住宅ローンのあるマイホームを住宅ローンの残高を下回る価額で売却して損失（譲渡損失）が生じた場合に覚えておきたいのが、「特定のマイホームの譲渡損失の損益通算及び繰越控除の特例」です。

不動産の譲渡所得は、本来は分離課税です。これは、その人のその年の他の所得（給料や事業の所得等）と切り離して考えるのですが、**マイホーム売却時に譲渡価額から取得費と譲渡費用を差し引いた額がマイナス（譲渡損失があり）で、かつ一定の要件を満たす場合は、その年の控除額の限度の範囲で（3年以内なら繰り越しも可）他の一定の所得と通算して計算でき、税額を圧縮できると理解しておけばよいでしょう。**

国税庁のサイトは以下のとおり説明しています。

特例の適用対象となる「譲渡資産」とは、個人が有する家屋または土地等（土地または土地の上に存する権利をいいます。以下同じ）で譲渡した年の1月1日において所有期間が5年を超えるもののうち次に掲げるものです。

---

(1) 譲渡する個人が居住の用に供している家屋で国内にあるもの

　　居住の用に供している家屋を二以上有する場合には、主として居住の用に供している一の家屋に限ります。また、譲渡する家屋のうちに居住の用以外の用に供している部分がある場合には、居住の用に供している部分に限ります。

(2) (1)の家屋でその個人の居住の用に供されなくなったもの

　　その個人の居住の用に供されなくなった日から同日以後3年を経過する日の属する年の12月31日までの間に譲渡されるものに限ります。

---

(3)　(1)または(2)の家屋およびその家屋の敷地の用に供されている土地等
　　(注)　住んでいた家屋または住まなくなった家屋を取り壊した場合は、
　　　　次の３つの要件すべてに当てはまることが必要です。
　　イ　取り壊された家屋およびその敷地は、家屋が取り壊された日の属
　　　　する年の１月１日において所有期間が５年を超えるものであること。
　　ロ　その敷地の譲渡契約が、家屋を取り壊した日から１年以内に締結
　　　　され、かつ、住まなくなった日から３年を経過する日の属する年の
　　　　12月31日までに売ること。
　　ハ　家屋を取り壊してから譲渡契約を締結した日まで、その敷地を貸
　　　　駐車場などその他の用に供していないこと。
(4)　譲渡する個人の(1)の家屋が災害により滅失した場合において、その
　　個人がその家屋を引き続き所有していたならば、譲渡した年の１月１
　　日において所有期間が５年を超えることとなるその家屋の敷地の用に
　　供されていた土地等
　　　その災害があった日から同日以後３年を経過する日の属する年の12
　　月31日まで（住まなくなった家屋が災害により滅失した場合は、住ま
　　なくなった日から３年を経過する日の属する年の12月31日まで）の間
　　に譲渡されるものに限ります。

「特定譲渡」の要件

(1)　令和５年12月31日までに行われる譲渡（通常の売買のほか、借地権
　　の設定などの譲渡所得の基因となる不動産等の貸付けを含みます）で
　　あること
(2)　譲渡する個人の親族等に対する譲渡および贈与または出資による譲
　　渡でないこと
　　(注)　その年中において特定譲渡が２以上ある場合には、いずれかの
　　　　特定譲渡に限って特例を適用することができます。

要するに、譲渡損失が出た場合で一定の要件を満たしていれば、その損失

を他の所得と通算して所得税等を減額させることができる、さらに今年仮に控除をしきれなかったとしても３年以内であれば繰り越し控除が可能である、という特例です。

ただ、税理士としてはその説明でことたりますが、不動産鑑定士としても追記したいと思います。

東京や名古屋、京阪神等の一定規模以上の都市の、たとえば相続税路線価が30万円／㎡以上程度の不動産の譲渡の場合に、その譲渡が妥当か……という点です。

バブル期前後に高額で取得した不動産は別ですが、それ以外については例外的な地域を除き、基本的には地価は極端な下落はないため、売却価格のほうが取得費よりも高いために譲渡所得が出ることが多いかと思われます。

そのため、譲渡損失が出るような場合は、「本来、もっと高額で売却できるのを安売りしている」場合が考えられるのです。もちろん、単に取得した際に周辺の相場から見て極端に高額で取得したことも考えられますが。

安売りしているか否かの判断に際して、いちいち不動産鑑定士の鑑定評価をとるのは現実的ではありませんが、近くの公示地等の価格との比較検討で、安売りではないか、もし安売りであればその売却をやめて他に売却することを考えてもよいと思われます。

取得した際の取得費から後述の建物の減価償却分を控除した価格（建物が極端に古い場合は直接、取得した当時の建物価格相当額を引いても良いでしょう）と、譲渡しようとしている価格を比較して、後者が低く疑問符がつくようでしたら、このような対応を検討する余地もあると思われます。

譲渡損失が出るような不動産売却は、そもそもその売却価格が著しく安く、売り手にとって損ではないかを疑ってかかることも頭の片隅に留めておくことが肝要でしょう。

14 「ふるさと納税」の活用も検討しよう

高額な譲渡所得がある場合は使わないと損

不動産を売却した場合で、課税所得があり所得税等を納付する場合に覚えておきたいことがあります。それはふるさと納税です。

所得税等を納付した場合はこれに連動して住民税もかかりますけれど、2,000円の追加負担は生じますが、課税所得の発生した年にふるさと納税の手続きを行えば、ふるさと納税の限度額以内であれば実質的にふるさと納税で寄付した額の3割相当程度の返礼品がもらえるのです。

ふるさと納税の限度額は、売却をした場合の税金の額に影響されるので、税理士に確定申告を依頼した場合は、税理士に計算を依頼するのが堅実でしょう。

不動産を売却し高額の所得税等が発生した場合には、ふるさと納税を使うと多くの返礼品が2,000円の負担と引き換えに得られると覚えておけばよいでしょう。

もちろん、不動産賃貸や不動産を用いた事業で課税所得がある場合でも、同様にふるさと納税は使えます。

ただし、注意点があり、不動産売却その他で高額のふるさと納税をしすぎると、一時所得に該当する場合があるという点です。

あくまでも返礼品は「各自治体からもらったもの」ですので、返礼品の価値もまた、もらった年の稼ぎとして税法上は扱われ、個人が得た場合は所得税等の「一時所得」という所得に該当します。

ただ、一時所得は50万円までは控除枠があるため、ふるさと納税以外の一時所得も含めてですが、その年の一時所得が50万円以内であれば結果として税金はかからず、返礼品に対する所得税等はなくなります。

返礼品の価値は各自治体への寄付額の３割とされていますから、「50万円÷３割→1,666,666円」以上のふるさと納税をした場合は、返礼品をもらった年の一時所得としての申告の必要性に留意すべきでしょう。

　なお、筆者自身、実際に使っている例を聞いたことがないのですが、一応、法人にも企業版ふるさと納税の制度がある点も申し添えたいと思います。

◉個人が不動産を売却した際に覚えておきたいふるさと納税の話◉

その年に不動産を売却した

| （その他の所得も含めて）その年に所得税等が生じない | （その他の所得も含めて）その年に所得税等が生じる |

ただの寄付になってしまうのでふるさと納税はしない

（特に不動産売却の所得税等は高額になることが多いため）ふるさと納税の限度額がかなりの額となるので、2,000円の追加負担でいろいろな返礼品が得られる

税理士に検討を依頼するなどしてふるさと納税の限度額を計算する

限度額の範囲内でその年の年末までにふるさと納税を行う

翌年3月15日までのその年の確定申告に際してふるさと納税を寄付金の欄に記載する

住民税額の調整という形で実質的に「2,000円で全国各地からふるさと納税の返礼品がもらえる」

15 交換特例という制度もある

一定の条件を満たす土地と土地、建物と建物の交換は税金が軽減される

　不動産を他人に譲渡したい一方で、他人からもらいたい不動産もある場合は、**交換特例**を活用するとよいでしょう。

　交換特例とは、以下のような制度です。

（所得税の場合。国税庁のサイトより）

　個人が、土地や建物などの固定資産を同じ種類の固定資産と交換したときは、譲渡がなかったものとする（筆者注…譲渡所得がなく所得税等がかからない。ただし、交換差金を受け取ったときはその分は課税される）特例があり、これを固定資産の交換の特例といいます。

(1)　交換により譲渡する資産および取得する資産は、いずれも固定資産であること。

　　不動産業者などが販売のために所有している土地などの資産（棚卸資産）は、特例の対象になりません。

(2)　交換により譲渡する資産および取得する資産は、いずれも土地と土地、建物と建物のように互いに同じ種類の資産であること。

　　この場合、借地権は土地の種類に含まれ、建物に附属する設備および構築物は建物の種類に含まれます。

(3)　交換により譲渡する資産は、1年以上所有していたものであること。

(4)　交換により取得する資産は、交換の相手が1年以上所有していたものであり、かつ交換のために取得したものでないこと。

(5)　交換により取得する資産を、譲渡する資産の交換直前の用途と同じ用途に使用すること。

　　この用途については、次のように区分されます。

●交換譲渡資産の種類とその用途区分の表●

交換譲渡資産の種類	区分
土　地	宅地、田畑、鉱泉地、池沼、山林、牧場または原野、その他
建　物	居住用、店舗または事務所用、工場用、倉庫用、その他用

(6)　交換により譲渡する資産の時価と取得する資産の時価との差額が、これらの時価のうちいずれか高いほうの価額の20％以内であること。

　この特例は、たとえば

①　広大な土地を共有の場合に、共有状態を解消する

②　複数の人が所有する建物が2つある場合に、それぞれの不動産を単独所有とする

といった場合に、その活用が考えられます。

　ただし、「譲渡がなかったものとする」というのは、あくまでも「所得税等の国税に関する」もののみの話であって、登記にかかる登録免許税や都道府県民税である不動産取得税は課されますので、ご注意いたければと思います。

　また、交換特例を適用する場合は、不動産鑑定士による鑑定評価額で「交換に供される資産が、低いほうが高いほうの80～100％」である旨を示すことが一般的と考えられます。

　時価が比較的近い（高いほうの時価の80～100％）同じ用途同士の不動産を交換する場合、時価の差額（交換差金）以外は所得税等もしくは法人税等が課税されない交換特例の制度がある点を理解しておけばよいでしょう。

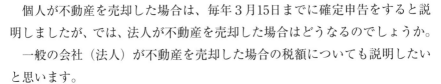

16 法人が不動産を売却した場合の税金

個人とは異なり、その他の利益・損失と合算して計算される

　個人が不動産を売却した場合は、毎年3月15日までに確定申告をすると説明しましたが、では、法人が不動産を売却した場合はどうなるのでしょうか。

　一般の会社（法人）が不動産を売却した場合の税額についても説明したいと思います。

　法人の場合は、通常は不動産が固定資産（その会社が事業を営むために必要な長期的に保有する資産）として会計帳簿上、計上されていると思われます。

　このような不動産を売却することは、通常の営業活動の範囲外の行動ですので、決算上は、「譲渡した価格から、（取得した時の価格から後述する減価償却相当額を控除した額である）帳簿価格を差し引いた差額（儲け）」について、特別利益として計上することとなります。

　そして、その会社の、それ以外の利益・損失を合算して税率を乗じて法人税を計算することとなります。つまり、個人の所得税等の場合とは、「不動産の売却によって生じた儲けを別勘定で計算しない」点で異なります。

　なお、土地の収用等の一定の特別控除に該当する場合は、個人の所得税等の場合と同様、儲けから該当する特別控除の額を差し引いて利益計上できます（もしくは圧縮記帳という特別な処理のいずれかが適用できます）。一方で、会社ですので、居住用財産の3,000万円控除の特例等の適用はありません。また、同様の理由でマイホーム軽減税率の適用もありません。

　その会社が不動産業者で不動産売買等が本業である場合は、固定資産ではなく棚卸資産（商品とほぼ同義と考えればよいでしょう）として計上されます。もっとも、結局はその儲けについて課税される点は固定資産の場合と同様と考えてよいでしょう。

法人が不動産を売却した場合も儲けベースで課税されるが、所得税等とは異なり、他の利益・損失等と一体で課税所得を判断して納税すると理解しておけばよいでしょう。

◉法人が不動産を売却したときの税金◉

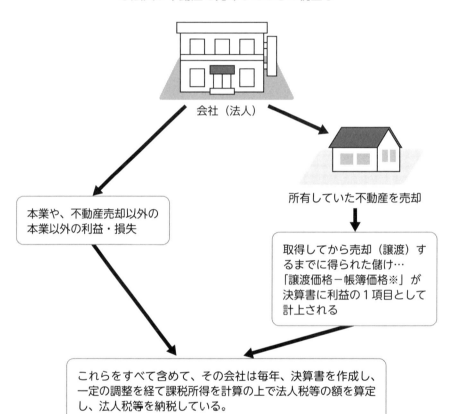

会社（法人）

所有していた不動産を売却

本業や、不動産売却以外の本業以外の利益・損失

取得してから売却（譲渡）するまでに得られた儲け…「譲渡価格−帳簿価格※」が決算書に利益の１項目として計上される

これらをすべて含めて、その会社は毎年、決算書を作成し、一定の調整を経て課税所得を計算の上で法人税等の額を算定し、法人税等を納税している。

※会計上の帳簿価格…通常は、不動産（固定資産の場合）は、取得したときの対価(取得価格)から過年度の減価償却累計額を控除した価格で計上される。
　言い換えると、これが税法の世界での「過年度の使った分の価値を差し引いた取得価格」である。
　上場企業等で減損会計を適用している場合は取得価格から減価償却累計額の他、減損損失相当額も差し引いた額を帳簿価格（ただし、税法上は減損損失は計上していない扱いとする）としている場合もある。

17 個人が不動産経営をしている場合の税金

不動産所得は総合課税で課税される

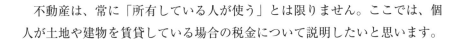

　不動産は、常に「所有している人が使う」とは限りません。ここでは、個人が土地や建物を賃貸している場合の税金について説明したいと思います。

　個人が土地または建物を賃貸している場合は、やはり利益に対して所得税等が課されますが、この場合は不動産所得として扱われます。

　不動産所得は、単純にいえば「賃貸に伴う賃料収入—賃貸に伴う経費」で算定されます。その上で、譲渡所得とは異なり、給与その他のいくつかの所得と一括して所得税を計算することとなります（これを**総合課税**といいます）。

　個人が不動産賃貸をしている場合の所得は不動産所得となると理解しておけばよいでしょう。

◉個人が不動産を売却したときと賃貸してるときの違い◉

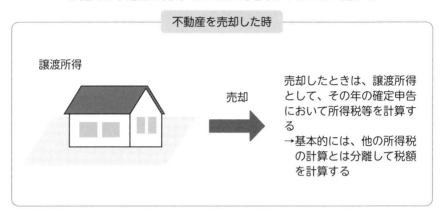

不動産を売却した時

譲渡所得

売却

売却したときは、譲渡所得として、その年の確定申告において所得税等を計算する
→基本的には、他の所得税の計算とは分離して税額を計算する

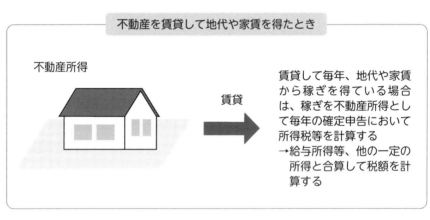

不動産を賃貸して地代や家賃を得たとき

不動産所得

賃貸

賃貸して毎年、地代や家賃から稼ぎを得ている場合は、稼ぎを不動産所得として毎年の確定申告において所得税等を計算する
→給与所得等、他の一定の所得と合算して税額を計算する

18 建物の減価償却のしくみ

取得時の支出を何年かに分けて経費として計上する

◆計算式と年数は決められている

　建物は、通常、その取得時に高額の対価を払います。建物を賃貸したり、工場等の個人が自己の事業に供している建物の場合、建物の取得価格は、当然に「賃貸や事業に伴う必要な経費」ですので、経費化できます（法人の場合も同様）。

　しかし、この取得価格を「一気に経費化」すると、「1年目だけ過大な経費が計上され、2年目以降は経費が計上されない」こととなるため、2年目以降も賃料獲得の対価として機能しているのに、それが反映されず不合理です。

　そこで、税法では、あらかじめ定められた計算式（令和年代に取得した建物の場合は定額法といわれる方式）で、取得時の対価（つまり取得原価）を、税法であらかじめ定められた年数（耐用年数といいます）で按分計算して、経費計上することとしています。

　この按分計算をする手続きを**減価償却**といいます。

　そして将来、その不動産を売却（譲渡）した場合は、実際の取得費から過年度の減価償却の合計額（減価償却累計額といいます）を控除した額を取得費と見なして、個人が売主であれば譲渡所得を計算します。法人についても、通常は1年目に取得した価格から減価償却累計額を控除した価格で毎年の会計帳簿に計上されます。

◆自分が住んでいる住宅は経費計上できない

　一方で、所有者自らが住んでいる戸建住宅の場合は、経費計上はできません。住むという行為が稼ぎ（所得）の獲得に寄与していないからです。

ただし、戸建住宅であっても、個人が譲渡する場合は、その取得費は、実際の取得価格から一定の算式に基づく減価償却累計額を控除した残額をもって計算されることとなります。

　なかには、1つの建物を「一部を自らの住宅に、一部をその個人の事業や不動産賃貸に」供している場合もありますが、その場合は合理的な按分方法（通常は面積按分）によって、仮にその建物全体を減価償却した場合と想定した価格から事業に帰属する分を面積割等の合理的な按分方法で算出し、この額を事業所得の経費もしくは不動産賃貸に伴う不動産所得の経費として計算することとなります。

　建物を取得したときの支出は、それをそのまま当期の費用（損金）とせず、減価償却という手続きで何年かに分けて費用として計上すると理解しておけばよいでしょう。

　なお、土地は減価償却をしません。

●建物の減価償却のしくみ●

たとえば、事業用建物（賃貸物件や、自分の家業に使う建物）を購入するのに1億円かかったとする。
その上で、2年目以降もその建物から稼ぎが得られたとする。

お金の入金・出金

これをそのまま税金計算上の所得や経費として計算すると、1年目のみ極端に所得が少ない（もしくは0円以下で税金がかからない）が、2年目以降に「建物の利用価値を無視して税金を計算し、税額が高くなる」結果となってしまう。

そこで、建物等の一定規模以上の資産（1年以上使う資産）は、「取得・購入した時にその購入額等を一気に費用（損金）とせず、一般的にその建物の使えると判断できる期間（耐用年数）に徐々に費用化する」。これを減価償却という。
上の例で、今年取得した建物の耐用年数が20年とすれば、毎年の減価償却費は「1億円÷20年→500万円」となるので、以下のイメージで計算する。

建物の減価償却費と所得（課税所得）

建物関連以外の稼ぎと、500万円/年のマイナスを合算して、「建物の関連以外の稼ぎ－500万円」に基づき毎年の税額を計算する。この場合の「建物の関連以外の稼ぎ－500万円」を課税所得となる。

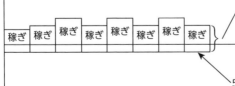

　法人や個人事業を営む個人が、土地と建物から構成される不動産を取得した場合は、その内訳を按分する必要があります。そうしないと、会計帳簿に土地・建物の計上ができず、減価償却もできなくなるからです。

　実務上は、特段の支障がない限り、固定資産税評価額の土地・建物の比率で按分することが通常です。税務署も、固定資産税評価額での按分は基本的に認めています。

　ただし、この按分はあくまでも便宜的なものですので、義務ではありません。そのため、不動産鑑定士による鑑定評価を依頼し、鑑定評価額としての土地・建物一体の不動産の公正な価値を明示した上で、その内訳としての土地価格と建物価格を計上するのも一案です。

　実務上でも、もし固定資産税評価額の内訳に基づく土地・建物比率よりも建物の比率を高められそうな場合は、鑑定評価を行う場合もあります。取得した後の減価償却費が大きくなり、課税所得が減るため当面の法人税等もしくは所得税等が減るので、資金繰りが楽になり、場合によっては借入金の利子相当額も圧縮できるというメリットがあるからです。

　もっとも、必ず鑑定評価をしたほうが有利とは限らず、購入した不動産が地価が高い地域に位置していたり、建物が古い場合は固定資産税評価額による按分よりも逆に不利になる場合が多いので、このあたりは個別に相談したほうがよいでしょう。

　なお、注意点ですが、鑑定評価額と実際に取得した価格が乖離していたら矛盾が生じます。ですので、もし鑑定評価を依頼するとしても、まずは不動産鑑定士に「実際に売買しようとしている額を結論とする鑑定評価額を出せそうか」を確かめてから依頼すべきでしょう。

●土地・建物一体の不動産取得時の会計帳簿への記載●

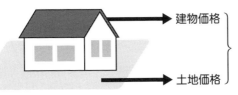

建物価格

土地価格

土地・建物を一体で取得した場合、取得した際の対価を土地価格・建物価格に按分して会計帳簿に記載する必要がある

実務上は、土地と建物の固定資産税評価額の比率で按分することが多い
（税務署もこの手法だと通常は指摘しないため。ただし絶対ではない）

この分、会計帳簿に記載される建物価格が上昇するので、当面の減価償却費が上昇し法人税等もしくは所得税等が減るので、節税効果があり、資金繰りが改善されて借入金の利子相当額が浮く場合がある。

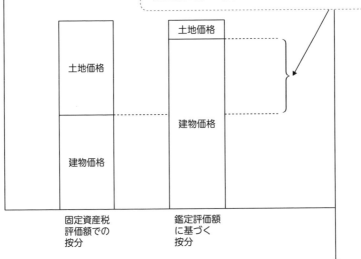

土地価格

建物価格

土地価格

建物価格

固定資産税評価額での按分

鑑定評価額に基づく按分

鑑定評価報酬を払ってでもメリットがある場合は、鑑定評価額に基づく按分を検討すべきである。
ただし、鑑定評価の結果、固定資産税評価額による按分より却って不利となる場合も多いので、前もって不動産鑑定士に相談すべきである。

20 会社が不動産賃貸をしている場合の税金

不動産賃貸による利益も他の利益と合算して会社全体で税額を計算

　不動産を所有し、経営や運用をしているのは個人ばかりとは限りません。会社が経営や運用しているケースも多いでしょう。この場合の不動産の税金について説明したいと思います。

　会社は個人とは異なり、基本的には「利益を得るために設立」されます。

　このため、会社が所有する不動産は基本的には「利益を得るための対価」といえますので、会社の所有する建物は、「個人が自らの住居として利用する戸建住宅」の場合とは異なり、減価償却の対象となります。

　会社が所有している不動産関連の決算書での計上の仕方（および、法人税申告書上での扱い）は、以下となります。

- 固定資産税や都市計画税等の、その不動産の稼ぎ（課税所得）とは無関係の税金
  公租公課として、給与や交際費その他の「通常の営業活動で生じる経費」等で構成される「販売費および一般管理費」の1項目として、経費（損金）として計上される。
- 法人税等の、その不動産を含む会社全体の稼ぎと連動する税金
  不動産から得られる利益を含むその会社のすべての利益を合算の上で、法人税等の計算の基礎となる課税所得を計算する。個人の場合の所得税とは異なり、他の所得と分離することはしない。

　「会社の利益と連動しない税金（固定資産税、都市計画税等）」は「販売費および一般管理費等」として計上され、「会社の利益と連動する税金（法人税・住民税・事業税）」は法人税申告書等に基づき計算すると理解すればよいでしょう。

21 不動産法人化とは

不動産賃貸業の場合、法人化したほうが税金が安くなることも

◆目安は課税所得「600万〜1,000万円」

　不動産賃貸による利益にかかる税金は、個人の場合は所得税等が、法人の場合は法人税等が課されると申し上げました。

　ここで、実は隠れたポイントがあります。つまり、所得税等と法人税等は、そもそも課税の構造が異なるため、税率も異なり、課税所得の額によっては税負担が異なってくるという点です。ざっくりといいますと、課税所得が少額の段階では所得税等のほうが税負担が少なく、巨額の場合は法人税等の場合が税負担が少なくなります。

　そのため、個人が不動産賃貸をしている場合（実は、不動産賃貸以外の個人事業を営んでいる場合も同様なのですが）、所得が一定の額以上となれば「法人を設立して、その不動産をしかるべき方法で法人に所有権を移し、その不動産を賃貸する（もしくは事業を行う）形にした上で、もともとの所有者は法人から給与を得る」という形態（スキーム）としたほうが節税できる場合があります。

　所得税等と法人税等のどちらが得かという分水嶺は、その立地（場所によって住民税等が異なる）や環境その他にもよるため一概にはいえませんが、目安として課税所得が600万〜1,000万円程度であれば検討の余地はあると思います。

　このスキームを一般的に「**不動産法人化**」といいます。

◆不動産法人化には注意点もある

　ただし、不動産法人化には、後述するような注意点がありますので、一般の方が付け焼刃的に行うと逆に多額の課税がなされる場合があります。不動

産法人化を行うにしても無防備に行うのではなく、不動産に強い税理士に相談して、十分に検討し、ご自身でも納得の上で行うべきでしょう。

なお、同様の節税形態には、前述のような不動産の所有権移転のスキームのほか、法人を設立した上で個人が法人にその不動産を一括賃貸し、その法人が実際の賃借人に賃貸することで、個人と法人に課税所得を按分する（結果的に節税となる）スキームもあります。

また、課税所得が少ないほうが税率も低いため、場合によっては一部を個人が、一部を法人が所有するスキームもありかと思います。

賃貸その他の事業による所得が一定以上となった場合、不動産法人化という節税スキームがある点を理解しておけばよいでしょう。

◉不動産法人化…所有権移転型の場合◉

不動産賃貸等、稼ぐ建物は法人名義にする

古くから所有している土地は個人のまま

◉所得税等と法人税等の税率のイメージ◉

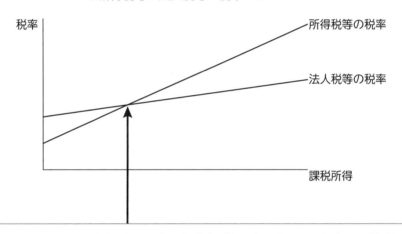

税率

所得税等の税率

法人税等の税率

課税所得

不動産を用いて不動産賃貸や事業で稼ぎ（課税所得）を得ている場合、課税所得が低い段階では所得税等のほうが税率が低く税負担を節約できるが、高額な場合は法人税等のほうが税率が低く法人が経営したほうが有利である。

個人や不動産、事業や地域等の実情で一律な損益分岐点は断定できないが、一定の課税所得がある場合は、個人が所有するのではなく法人が所有する形にして、法人がその不動産に関する賃貸や事業を経営する形としたほうが有利となる。

この場合は、不動産法人化を検討する価値があるといえる。

不動産法人化の注意点①
土地は法人に売却しないほうがよい

取得費が低額な土地は法人に売却しない

　賃貸経営しているアパート・マンション・ビルについては、最初から賃貸されていた土地・建物を購入する場合だけでなく、先祖代々の土地を相続した場合に、その土地（更地）上に、賃貸用建物を建築する場合もあります。

　不動産を法人に賃貸経営させたい場合、前者であれば最初から法人が対価を払って全体を取得すればよいだけですが、後者の場合は、建物だけを法人が取得して所有する形態となります。

　なぜなら、土地は元々はその個人が所有していますが、通常は土地の取得費は、かなり以前に取得した土地であるため、かなり低額です。この場合、うかつに土地を個人から法人に売却してしまうと、先に説明したとおり、「譲渡価額―取得費―譲渡費用」で得られる譲渡所得が巨額になるので、所得税等が多額になってしまうからです。これを回避するため、土地は所有権移転をしない形態が考えられます。

　建物は法人所有としても、土地の個人から法人への売却は、よほど取得費が高く課税所得が出ないという状況ではない限り、やめたほうがよいでしょう。

　「だったら、譲渡価額も低くすればよいではないか」と考えたくもなりますが、それは先述のとおり、個人と、その個人に特別な利害関係のある法人との取引になってしまうので、時価との差額につき所得税等が課税されることになります。

　このため、やはりこのような場合は土地は売却しないことが鉄則と考えてよいでしょう。

　既存の土地上に賃貸物件を建てる場合の不動産法人化に際しては、建物の所有権だけを法人に移転するほうがよいと理解しておけばよいでしょう。

●土地の譲渡所得課税を回避する●

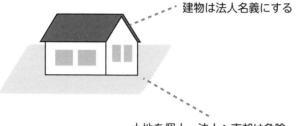

建物は法人名義にする

土地を個人→法人へ売却は危険

個人から法人への売却に「譲渡価額−取得費−譲渡経費」に対応する所得税等が課されるから

だから、土地は個人名義のままとする
（法人へは移転せず、土地は個人、建物は法人が所有する）

土地の譲渡所得税等の課税を回避する

◆権利金の認定課税を回避する

　先祖代々から所有する土地を有効活用して、法人名義で建物を建築し不動産賃貸に供する場合は、土地は売却しないことが鉄則と述べましたが、実はそれだけでは不十分です。というのも、もう一つ注意点があるからです。

　この場合、相当の地代を支払うか、土地の無償返還の届出をしないと、「建物を所有する法人が、土地の借地権という資産をタダでもらった」と見なされて、もらった借地権の価値に見合う法人税等が課されるためです。

　これを**権利金の認定課税**といいます。

　この「借地権をもらった」と見なされる状況を回避するには、「通常の地代よりも高い、**相当の地代を収受する**」か「**土地の無償返還の届出**」をするかのいずれかが必要になります。

　前者の相当の地代とは、「通常の地代よりもかなり高め額の地代を支払うことによって、その差額を借地権設定の対価と見なし、権利金の認定課税はしない」という理屈ですので、比較的高額になります。

　後者は、税務署に対して、「その土地を将来、借地人たる法人が賃貸人たる個人へ返還する際に、借地権相当額の買い取り対価をもらうことなく無償で返す代わりに、借地権を無償で設定する」ことを税務署に対して届け出るものです。

　この書面を税務署に提出することで、権利金の認定課税を回避できます。

　なお、「土地の無償返還に関する届出書」は、貸主か借主の少なくとも一方が法人であることが条件ですので、個人間の土地賃貸借では活用できない点も申し添えたいと思います。

　所有している土地を有効活用するための不動産法人化の際は、この2つのいずれかの対策をとることが必要だと理解しておけばよいでしょう。

◉権利金の認定課税を回避するために◉

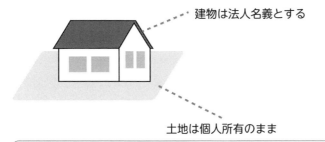

建物は法人名義とする

土地は個人所有のまま

実質的に、法人の建物が個人の土地を利用する権利を有するため、税務署は「借地権が設定されたと見なす」

何もしないと、「法人が借地権をもらった」と見なされて、もらった借地権の価値が「法人の利益」と扱われるため、価値相当分の法人税等が課される（権利金の認定課税という）

権利金の認定課税を
回避するには

「土地の無償返還に関する届出書」を税務署に提出し、通常の地代を払う

通常の地代（普通の水準の地代）よりも相当程度に高額な「相当の地代」を払う

◆相当の地代とは

　「相当の地代」とは、以下のような基準で判断されます。

> 　相当の地代の額は、原則として、その土地の更地価額のおおむね年６％程度の金額です。
>
> 　土地の更地価額とは、その土地の時価をいいますが、課税上弊害がない限り次の金額によることも認められます。
>
> (1)　その土地の近くにある類似した土地の公示価格などから合理的に計算した価額
>
> (2)　その土地の相続税評価額またはその評価額の過去３年間の平均額
>
> 　なお、相当の地代を授受することとしたときには、借地権設定に係る契約書において、その後の地代の改定方法について次の①または②のいずれかによることを定め、遅滞なく「相当の地代の改訂方法に関する届出書」を借地人と連名で法人の納税地の所轄税務署長に提出することが必要です。届出がされない場合は、②を選択したものとして取り扱われます。
>
> ①　土地の価額の値上がりに応じて、その収受する地代の額を相当の地代の額に改訂する方法
>
> 　この改訂は、おおむね３年以下の期間ごとに行う必要があります。
>
> ②　上記①以外の方法

　なお、通常の地代をどう定めるかは、いろいろな考え方があるでしょうが、一つの案としては不動産鑑定士に適正な地代の鑑定評価を依頼するすることが考えられます。

　一般的には不動産鑑定士が求める新規地代の鑑定評価額は、通常の地代と考えられます。なぜなら、不動産鑑定士が新規地代の鑑定評価を行う場合は、通常は借地権設定の相当分を含めた判断はしていないと考えられ、不動産鑑定評価基準においても新規地代の鑑定評価の項において借地権相当額の価値を考えるべき旨は規定していないからです。

24 不動産経営における経費についての注意点

経営上の利益を得るために必要な経費だけが認められる

◆不動産賃貸などで認められる経費

個人が自己所有の建物に住んでいる場合、その住居は稼ぎをもたらすものではないため、住居に関する負担は経費化できません。しかし、不動産を賃貸や事業に供している場合は、経費化できる余地があります。その際の注意点を述べたいと思います。

個人が不動産賃貸や事業を行っている場合の経費にできる範囲は、「その不動産を使って賃貸や事業による稼ぎを得るための支出」です。

ですから、自己の住居の経費や子供の学費等、稼ぎを得るためといいかねる場合は経費計上はできません。万が一、経費として計上し税務署に否認されると、過少申告加算税や延滞税が課されるリスクが生じます。

なお、なかには自家用にもアパート管理用にも使っている車のガソリン代のように、一部が経費という場合もあります。この場合は、その経費の内容に応じた合理的な手法で按分計算を行って経費計上するべきでしょう。

◆法人の場合は交際費などに注意する

法人が不動産経営や事業している場合、内規で経費の範囲を明確にしておくとよいでしょう。もちろん、どう考えても個人の私的な経費については、たとえ内規で定めていても税務上の経費として認められません。ただ、少なくとも前もって内規で定めておけば、万が一、税務署からの調査が入ったとしても否認されるリスクは小さくなるでしょう。

もっとも、「この支出は稼ぎを獲得するための経費」だからといって、たとえば「不動産関連業者との円滑な意思疎通のため」と理由をつけて高額な交際費を支出するなど、むやみやたらに経費を増やすのは賛成できません。

なぜなら、税務署は他の納税者の申告書も見ているため、「経費負担の一般的水準」を知っているので、極端に過大にすると不要な水増しと判断され「実際に払った負担の一部しか税務上の経費として認めない」扱いとし、当初申告額より高額の税を徴収した上にペナルティーとしての延滞税等を課すこともあるからです。

　経費計上は、「一般的な水準を著しく逸脱しない」という点も大切なことをご記憶いただければと思います。

　個人が不動産賃貸や事業を行っている場合は、基本的に経費にできる範囲は、「その不動産を使って賃貸や事業による稼ぎを得るための支出」と理解しておけばよいでしょう。

●経費の考え方●

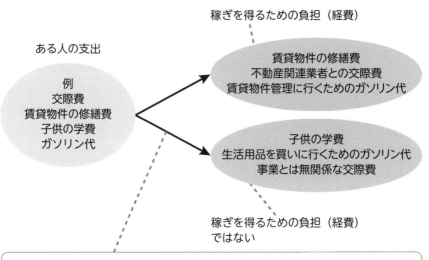

ある人の支出

例
交際費
賃貸物件の修繕費
子供の学費
ガソリン代

稼ぎを得るための負担（経費）

賃貸物件の修繕費
不動産関連業者との交際費
賃貸物件管理に行くためのガソリン代

子供の学費
生活用品を買いに行くためのガソリン代
事業とは無関係な交際費

稼ぎを得るための負担（経費）
ではない

(不動産を用いた)稼ぎを得るための犠牲があるか否かが税務上の経費(損金という)として計上ができるか否かの判断目線

交際費やガソリン代のように、「一部が稼ぎを得るための犠牲」の場合は、合理的な按分手法※で按分する必要があり、かつ、按分した記録※を都度、残しておく必要がある。

※合理的な按分手法の例…交際費であれば、どの支出が犠牲でどの支出が犠牲ではない等の区分、ガソリン代であれば、不動産管理に行く際のガソリン代は経費、生活のための運転のガソリン代であれば経費ではないので、走行距離で按分する等
※記録の例…いつ誰と交際したかの記録や、走行距離の記録等

なお、経費計上できるものが多いほど、税金は減るので、明らかに事業（稼ぎを得るための対価）と関係ないものではない限り、経費の領収書等は保管するに越したことはない。

※税理士に依頼している場合は、領収書一式を税理士に見せて選別を委ねるのも一案である。ただし、あまりに過大な領収書の束を見せると税理士も負担がかかり、なかには税理士に依頼を辞退される場合すら考えられるので、明らかに関係のないものは事前に排除しておくべきである。

25 不動産所得の損益通算とは

不動産賃貸業の赤字は他の所得の黒字と相殺できる場合がある

　個人が不動産賃貸経営をしている場合のポイントをもう一つ。

　とくに賃貸経営開始初期の頃などは、初期投資がかさんでむしろ赤字（課税所得がマイナス）となることもあります。この場合に覚えておきたいのが、損益通算です。

　これは、不動産賃貸で赤字であったとしても、一定の他の所得で黒字が生じている場合は、赤字を他の所得の黒字と相殺できる場合があるのです。

　ただし、以下は例外的に損益通算ができません（国税庁のサイトによる）。

- 別荘などのような生活に必要不可欠ではない資産の貸付けの損失
- 土地等を取得するための負債の利子に相当する部分の金額で一定のものの損失
- 一定の組合契約に基づいて営まれる事業から生じたものでその組合の特定組合員に係るものの損失
- 令和3年分以後の各年において、国外中古建物から生じた不動産所得の損失のうち、当該建物の耐用年数を「簡便法」等により計算した減価償却費に相当する部分の金額

　なお、国外中古建物を2以上有する場合は、国外中古建物ごとに計算した償却費のうち、次の区分に応じて計算した金額の合計額となります。

イ　当該償却費の額が当該建物の貸付けによる損失の金額を超える場合……当該損失の金額

ロ　当該償却費の額が当該建物の貸付けによる損失の金額以下の場合……当該損失のうち当該償却費の額に相当する金額

　国外中古建物から生じた損失は、国内にある不動産から生ずる不動

産所得との内部通算（いわゆる所得内通算）もできません。

　要するに、「通常の不動産賃貸で赤字が生じた場合、一定の他の所得で黒字が出ていれば赤字と他の所得を相殺できるが、例外的にできない場合もある」と覚えておけばよいでしょう。

　なお、法人の場合は、そもそも所得の分類がないので、損益通算という概念がありませんが、法人の決算の損益計算書上において、自動的に損益通算がなされることとなります。

　所得税等や法人税等は、申告納税制度、すなわち「納税者側が所得を把握して、これに基づき税額を計算し、税務署に申告」する税金です。しかし、税務署の立場からすると、はたしてその納税者が適切な納税をしてくれるかが不透明です。これでは税務署も困りますので、その対策の一つとして、**青色事業申告制度**が設けられています。

　これは、正規の簿記の原則等の体制を定めるなど、一定の経理体制を整えている納税者に、税務上の特典を与える制度です。ちなみに、税理士がついている場合は、その税理士が適切に経理をしますので、問題なく要件を満たすと考えてよいでしょう。

　具体的には、所得税等の場合は、一定の経理体制の整備と引き換えに、10万円もしくは55万円・65万円を不動産所得の金額または事業所得の金額（山林所得の金額が含められる場合もある）から控除して税額を計算できます。元の所得を低く見るのですから、当然、税額も低くなります。ただし、控除対象となる所得が控除額未満の場合は、その所得が控除額となります。

　65万円か55万円かの違いは、電子帳簿保存もしくは国税庁の電子申告システム（e-tax）を使っているかの違いで、使っていない場合は税務署側に申告書の入力やチェックに手間がかかるので控除額が55万円に抑えられています。

　不動産賃貸の場合、10万円か65万円（55万円）控除かの違いは、いわゆる「5棟10室」の要件に該当するか否かとなります。賃貸物件を5棟もしくは10室分持っていれば、不動産事業といえるだけの事業的規模があると見なして65万円（55万円）の控除となりますが、その規模に届かない場合は10万円

控除にとどめるという話です。

　賃貸物件が「5棟10室」の要件を満たすか否かで税額が変わってきますから、この点は適切に判断されることをお勧めします。

　青色申告制度というものがあり、経理体制を整えて青色申告の届出をしたほうが何かと税務上おトクである点を理解しておけばよいでしょう。

　なお、法人にも青色事業申告制度はありますが、法人の場合は控除額の制度がないため、「5棟10室」基準は関係ありません。

　ただし、個人でも法人でも、たとえば今年赤字があったとしても、その赤字（青色欠損金といいます）を来年以降の一定の期間に繰り越し、将来、黒字が生じた年に、今年の赤字とその年の黒字を相殺することで税額を圧縮できる等のメリットがありますので、その意味でもやはり青色申告の届出をすることを推奨します。

　個人でも法人でも、適切な経理体制さえ整えておけば青色申告制度を届け出たほうが税金は得することはあれど損することはないとご理解いただければよいでしょう。

●青色申告控除●

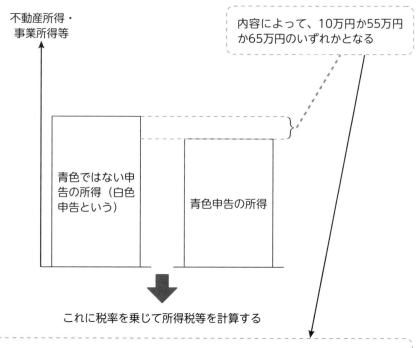

不動産所得・
事業所得等

内容によって、10万円か55万円
か65万円のいずれかとなる

青色ではない申
告の所得（白色
申告という）

青色申告の所得

これに税率を乗じて所得税等を計算する

不動産賃貸に伴う不動産所得の場合、10万円か、それとも65万円（電子申告等
でない場合は55万円）かの目線としては、5棟10室の基準。
つまり、賃貸物件が5棟あるか、もしくは5棟未満でも10室の賃貸があれば、
事業的規模と見なして65万円（55万円）が控除額となる。

●青色欠損金の繰越し●

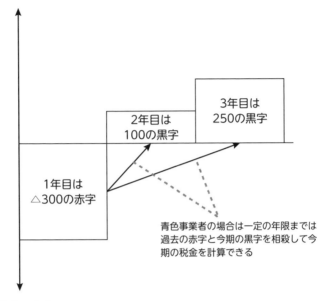

税務上の黒字

1年目は
△300の赤字

2年目は
100の黒字

3年目は
250の黒字

青色事業者の場合は一定の年限までは
過去の赤字と今期の黒字を相殺して今
期の税金を計算できる

税務上の赤字

	1年目	2年目	3年目	3年間の税額の合計
青色申告書の税額	0	100<300のため、0 ※残りの青色欠損金は 300−100=200	(250−(300-100)) ×33%=16.5	16.5
青色申告でない税額	0	100×33%=33	250×33%=82.5	33＋82.5 ＝115.5

※税率は便宜的に33%とする

青色事業者の場合、赤字が出たとしても一定の年限までは赤字の持ち越しができ、
将来、黒字が生じた場合にその黒字と精算して税額を計算できる

この意味でも、経理体制を整えた上での青色事業申告の届出は必須といえる。

27 青色申告の届出

個人が新たに申請する場合は原則として確定申告の期限までに届け出る

　不動産賃貸を営む人に限った話ではありませんが、青色事業申告はお勧め……というより、適切な経理ができるのであれば、それを拒むメリットがまったくありません。

　税理士がついている場合は、当然にその税理士が青色申告の届出をしてくれると思いますが、とくに事業開始期はなかなか税理士をつける余裕もない場合も多いかと思いますので、ここで簡単に説明したいと思います。

●所得税の場合……以下の時期までに税務署に青色申告承認申請書を提出します。

---

① 　新たに青色事業申告の申請をする場合は、その年の3月15日（要するに確定申告期限）までに

② 　その年の1月16日以降に新規開業をした場合は業務開始日から2か月以内

③ 　青色申告の承認を受けていた被相続人の事業を相続により承継した場合は、相続開始を知った日（死亡の日）の時期に応じて、それぞれ次の期間

　　1 　その死亡の日がその年の1月1日から8月31日までの場合…死亡の日から4か月以内

　　2 　その死亡の日がその年の9月1日から10月31日までの場合…その年の12月31日まで

　　3 　その死亡の日がその年の11月1日から12月31日までの場合…その年の翌年の2月15日まで

●法人の場合……以下の時期までに税務署に青色申告承認申請書を提出します。

> ①　基本的には、青色事業申告によって申告書を提出しようとする事業年度開始の日の前日まで
> ②　その他、細かい例外あり。たとえば、普通法人または協同組合等の設立の日の属する事業年度の場合は、設立の日以後3か月を経過した日と当該事業年度終了の日とのうちいずれか早い日の前日まで（通常は、初年度を3か月で終了させないので、設立の日から3か月以内と考えて差し支えないでしょう）

　このほか、生計を一にしている配偶者その他の親族が納税者の経営する事業に従事している場合には、必要に応じて青色専従者給与の届出をしてもよいでしょう。

28 不動産賃付業では 個人事業税がかかる

事業所得・不動産所得が290万円以下なら課税されない

　個人が不動産賃貸等の一定の事業を営んでいる場合は、所得税・住民税・復興特別所得税のほか、**個人事業税**も課されます。

　その計算式は、下図のとおりです（東京都の場合ですが、他の自治体でも基本的には同様と思われます）。

　事業所得もしくは不動産所得から、一定の調整を経た上で、この額からあらかじめ一定の基準で定められた事業主控除額（東京都の1年分は290万円）を差し引いた残額につき、業種ごとに応じた税率（不動産賃付業の場合は5％）を乗じた額が事業税として課されるというものです。

　言い換えれば、不動産賃貸に伴う不動産所得（事業も営んでいる場合は事業所得も加算した額）が290万円以下の場合は、毎年の事業税は課されないこととなります。

（東京都の都税事務所のサイトより）

　個人が不動産賃貸その他の一定の事業をしていて290万円以上の所得がある場合は個人事業税も課されると理解しておけばよいでしょう。

税理士や不動産鑑定士への報酬の相場は？

　税理士など「士業」に税務などの案件を依頼するとき、気になるのが「報酬」ではないでしょうか。

　たとえば、令和5年現在、相続税申告に際して税理士に依頼する際の報酬としては、シンプルな案件の場合、おおむね「相続財産の評価額（基礎控除前）の1％」程度が相場ではないでしょうか。ただし、最低ラインとして40万円を下回るというのは考えにくいと思います。

　なお、税理士に限らず、相場と比較してあまりに低い報酬で受注する士業は、安いだけにその業務に時間やコストをかけられないので雑なことも多く、あまり推奨できません。士業に依頼する際は、適正な報酬を請求する士業に依頼したほうが結果として得策だと思います。

　一方で、何か特殊な背景がある場合は、さらに追加の報酬が発生することもあります。

　相続財産の評価では、相続税財産評価基準ではなく、不動産鑑定士に鑑定評価を依頼するケースもありますが、その場合はもちろん、不動産鑑定士への報酬も発生します。

　不動産鑑定士への報酬は、あえていうと令和5年現在、鑑定評価額1億円程度の「自分で使っている土地＋建物」で「40万～50万円/件」あたりでしょうか。そして、鑑定評価額が低くなれば報酬も下がりますが、逆に鑑定評価額が高くなれば報酬も上がります。

　なお、たまに税理士や不動産鑑定士等への報酬を「相続税申告に際しての債務」に入れて節税することを提案される方がおられますが、残念ながらこれはできません。ご参考までに。

第5章

土地・建物の売買に関する
税金の注意点

この章では、土地や建物の売買について、税金に関する手続きなどの注意点をまとめました。どのような手続きが必要で、どのような点に注意すればよいのか、みていきましょう。

マイホーム（戸建住宅やマンション）を取得したとき

不動産取得税は結果的に無税のことも多い

◆取得したことを申告しておくとよい

　マイホームを取得したときに課される税金は、登記の際の登録免許税、不動産取得税（かからない場合も多い）です。また、それとは別に契約書の印紙税もあります。

　新築分譲でマイホームを取得する場合では、分譲業者が基本的には司法書士を用意してくれて登記実務等を行ってくれるので、基本的にはそれにしたがって登録免許税を払う形となるでしょう。

　中古不動産の取得においても、依頼した司法書士の手続きにしたがって登録免許税を納付する形になると思われます。

　不動産取得税に関しては、土地については63ページなどで解説した特例が適用され、結果的に無税となる場合が多いでしょう。建物についても、64～65ページなどの特例が適用されれば、無税もしくは税負担はわずかというケースが多いと思われます。

　不動産取得税がかかる場合は、都税事務所もしくは管轄の道府県からの通知がありますので、それに従い納税すればよいでしょう。

　都税事務所もしくは管轄の道府県も登記の動きその他から不動産取得税に関連する事項については把握しているとは思われますが、地方税法の規定に従い、管轄の都税事務所もしくは道府県に必要書類を用意の上で取得した旨の申告をしておくに越したことはないでしょう。

　なお、取得後は固定資産税・都市計画税がかかってきますので、ローン返済の資金繰りについても、おおむねの税額を頭に入れて計画するとよいでしょう。

　その際、新築の戸建住宅を取得したときは、新たに課税される年度から一

定期間は1/2に減額されますので、その後に税額が増える点も留意すべきでしょう。

◈取得費がわかるよう資料は残しておく

新たに取得した不動産を将来、売ることも考えられます。

その際に取得費がわからなくて、「取得費概算5％」で取り扱われないために、取得時の取得費がわかるよう、契約書等は保管しておき、できればスキャンデータも持っておき、依頼している税理士がいる場合は必要に応じてデータ共有をするとよいでしょう。

住宅用の土地を取得したとき

住宅用の建物が未建築の場合は一定の事項を不動産取得税の課税当局に申告

　宅地（住宅用の土地）を取得したときも、基本的には前項のマイホームを取得したときと同様です。

　登録免許税については司法書士が登記実務等を行ってくれるので、それにしたがって司法書士報酬と合わせて払う形となるでしょう。

　ただ、不動産取得税については、まだ土地上に建物がありませんので、都税事務所もしく道府県の課税担当に対して住宅用途に供する旨の申告が必要です。

　申告に際しては、建築業者との請負契約書や、建築確認関連の資料等の写しを自治体に提出する必要がありますので、必要な準備をします。

　マイホームを取得したときと同様、取得した土地の取得費がわかるよう、契約書等は保管しておき、できればスキャンデータも持っておき、依頼している税理士がいる場合は必要に応じて税理士ともデータ共有をするとよいでしょう。

3 住宅や住宅用地以外の不動産を取得したとき

事業用の不動産は減価償却についても備える

たとえばビルや事業用の工場等の「住宅や住宅用地」以外の不動産を取得したときは、不動産取得税における住宅関連の特例はありません。したがって、登録免許税は司法書士に所有権移転登記を依頼する際に立て替えてもらう形で依頼して納付し、都税事務所または道府県に不動産を取得した旨を申告し、そこからの通知にしたがって不動産取得税を納税します。

取得後は固定資産税・都市計画税を納付しますが、東京23区の場合、個人もしくは一定規模以下の法人が取得した場合は、小規模非住宅用地の特例がありますので、特例に該当する場合は必要な申請を行います。

また、マイホーム同様、取得した不動産を将来、売ることも考えられます。

その際に、取得費が明確にわかるよう、契約書等は保管しておき、できればスキャンデータも持っておくとよいでしょう。

事業に供するビルや工場など建物については、減価償却費を計上することで所得税等（もしくは法人税等）が減額できます。

そのために、購入価格等のうちの建物価格を明確にする根拠資料を用意し、確定申告（もしくは法人税申告）に際して減価償却費を計上できるよう用意します。

青色申告を申請していない場合は、経理体制を整えた上で早急に青色申告ができるようにすべきでしょう。その際、必要に応じて税理士に顧問業務を依頼することも考えるとよいでしょう。

●不動産を取得したときの税金と留意すべき事項●

不動産の取得
※できれば、その取得に際して公示価格や相続税路線価と比べて
「極端に高い価格ではないか」を検討するとよい。
理想は不動産鑑定士に鑑定評価を依頼することだが
鑑定評価報酬がかかるので
億単位の高額な不動産でない限りは
取得時に鑑定評価を行うほどではないと考えられる。

↓

まず、契約締結時に契約書→印紙税がかかる
通常は契約書に貼付した印紙の額に応じて契約当事者が折半する
※その際、売主の1月1日～売買日までの固定資産税・都市計画税を
精算することも契約書に織り込むこともある。
→その際に不動産の固定資産税・都市計画税の課税明細の写しを売主から取得す
るとよい

↓

契約に基づき移転登記をするため、登録免許税を払う
※実務的には、司法書士に移転登記を依頼すると同時に
登録免許税も司法書士に立て替え払いを依頼することが多いと思われる

↓

移転登記ができた

↓

不動産を取得したので不動産取得税の申告を行う
分譲戸建住宅を取得した場合等、関連する業者が手配してくれる場合もあると思
われる

減免の適用がある場合 　　減免の適用がある場合 　　減免の適用がある場合

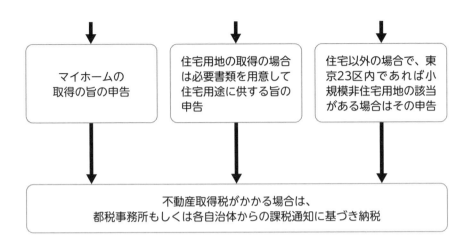

| マイホームの取得の旨の申告 | 住宅用地の取得の場合は必要書類を用意して住宅用途に供する旨の申告 | 住宅以外の場合で、東京23区内であれば小規模非住宅用地の該当がある場合はその申告 |

不動産取得税がかかる場合は、
都税事務所もしくは各自治体からの課税通知に基づき納税

取得価格・取得費をきちんと把握して、記録として残しておく
→法人の場合や個人でもその不動産を事業に供する場合は減価償却費を
計上するために必要であるし、住宅等、事業に供さない場合も
将来、その不動産を売った時の取得費の把握に必要となる
（取得価格・取得費を土地・建物に按分する場合に備えて、
固定資産税・都市計画税の課税明細を把握しておくとよい）

法人もしくは個人でも事業の用に供する不動産を取得した場合は
取得に要した価格を固定資産税評価額や鑑定評価額等で
適切に按分し、
建物部分については減価償却を行う

認定長期優良住宅に該当する場合など、固定資産税・都市計画税の新築減免を
受けるための必要な手続きを講じておく

4 土地・建物を売却したとき

売主が負担すべき税金についての注意点

　不動産を売却した際は、もちろん売買契約書を保管しておくことは大切で、これに基づき譲渡価額を把握します。1月1日〜譲渡日までの固定資産税・都市計画税の精算がある場合は、通常は売買契約書に内容が書かれていますので、これに基づき判断するとよいでしょう。

　そして、譲渡費用関連の資料や、取得費がわかる資料もそろえておくことが大切です。

　法人が不動産を売却した場合や、個人であっても事業用資産であった不動産の売却の場合は、毎年の税務署への申告に際しての帳簿上に譲渡直前の不動産の帳簿価格が記載されているはずですから、これに基づき取得費もしくは取得原価を把握し、譲渡価額から差し引いて税額を計算することになります。

　なお、個人の場合で取得費が判明せず、おおむね昭和40年代以降に取得した不動産で売却益やそれに基づく税金が一定額以上の場合は、市街地価格指数による取得費推計を検討する余地もあります（168ページ）。ただし、内容次第では税務署に否認され、取得費概算5％で取り扱われ、延滞税等のペナルティを追加で課されるリスクもありますので注意が必要です。

　個人が、自身が経営する法人などに不動産を売却する、もしくは法人から不動産を購入する、あるいは親族間での不動産の売買等の特別な関係にある者同士の場合は、時価（公正価値）と実際の売買価格との差額が利益の供与として、利益を得た側に課税される可能性があります。

　このような場合は、不動産鑑定士に鑑定評価を依頼するなどして、ムダな課税を避けるようにします。

　また、抵当権の抹消登記など売主側に起因する登記に関する登録免許税の負担や、売買契約書の印紙税の負担も必要になります。

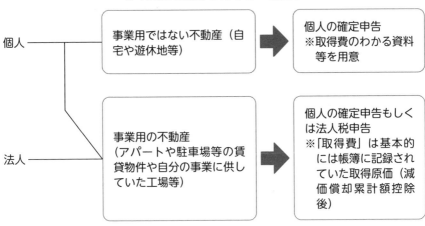

●不動産を売却したときの税金●

●かかる税金
・売却価格等から取得費・譲渡費用・特別控除等を差し引いた、譲渡所得に対する「所得税等もしくは法人税等」
　→契約内容によって1月1日〜譲渡時までの固定資産税・都市計画税が含まれる場合がある点に注意
・契約書の印紙税（実務上は折半になることも多いと思われる）
・場合によっては登録免許税

●不動産売却時の手順と用意すべきもの●

```
┌─────────────────────────────────────────┐
│            不動産の売却                   │
└─────────────────────────────────────────┘
```

```
┌──────────────────┐    ┌──────────────────┐
│   個人の場合      │    │  法人〔会社〕の場合 │
└──────────────────┘    └──────────────────┘
```

```
┌──────────────────┐    ┌──────────────────┐
│ 来年３月15日頃までに │    │ 譲渡による利益または損失を │
│ 確定申告が必要      │    │ 含めて決算期までに決算をする │
└──────────────────┘    └──────────────────┘
```

譲渡所得の計算のために
①譲渡価格のわかるもの〔契約書〕
②事業用以外の不動産であった場合は取得費のわかるもの
〔その不動産を取得した際の契約書その他〕
※事業用であった不動産の場合は直近の会計帳簿上の価格が取得費となる
③今回の譲渡に際しての譲渡費用
④特例の適用がある場合は、特例の適用があることを示す資料
→マイホーム特例の場合で住民票の住所とマイホームが異なる場合に戸籍の附票の写しを用意する等。

その不動産の売買による利益または損失の計算のために
①譲渡価格のわかるもの〔契約書〕
②今回の譲渡に際しての譲渡費用
③特例の適用がある場合は、特例の適用があることを示す資料
→例、収用された場合は収用関連の資料を用意する。
〔取得費に相当するものは、通常は会計帳簿上の価格が該当する〕

これらを踏まえて、確定申告を行う〔必要に応じて税理士に依頼〕

これらを踏まえて、決算を行う〔必要に応じて税理士に依頼〕

■固定資産税・都市計画税等は１月１日時点の所有者に課されるが、売買時に精算がある場合はその時点で買主との間での精算ができているので、自治体からの通知に基づいて納税し、事業用の不動産であった等の理由で税務上の経費にできる部分がある場合はこれを経費として所得税等や法人税等の申告を行うこととなる。

ある先輩公認会計士の苦悩

　令和5年3月現在、筆者は公認会計士協会東京会の税務委員会に所属しているのですが、何年か前にご一緒したある公認会計士・税理士の先輩が愚痴をこぼしていました。

　聞けば、3月14日の夜に顧問先の個人の方から「いやぁ～、△△先生、去年、土地を売ったの、言うの忘れてましたよ」と言われたそうです。

　この年の3月15日は平日ですから、3月14日は申告期限前日。しかも、しっかり土地売却で課税所得が出ているとのこと。

　そうなると、まず特別控除の要件を満たしているかの書類もチェックしないといけませんし、契約内容を見てどこまでが譲渡価額でどこまでが経費か、あるいは売却した不動産を取得した時の価格がいくらだったかをすべて見極めないといけません。しかし、他の顧客の案件も抱えているなか、いきなりいわれても、対処しきれないというのが実態でしょう。

　もっというと、本件の場合は大丈夫でしたが、「確定申告期限までに申告をしないと損をする」場合も考えられなくもありません。

　結果、その先輩は3月15日に泣きそうな顔で何とかのその方の確定申告をしたそうですが、あまりに時間がなかったためほとんど瞬間的な判断となり、「あれは大丈夫だったか」としばらく不安だったそうです。

　税理士を雇って申告を依頼したとしても、その税理士に確定申告に必要な事項を伝えないと対処できないばかりか、結果的に納税者自身が損をする場合も考えられます。

　本書では不動産の税金について書いていますが、この本を読んでちょっとでも気になったことがある場合、確定申告期限もしくはその他の税金でも申告期限までに余裕をもって相談されることをお勧めしたいと思います。

第**6**章

相続でもめないための税金や
手続きの対策

この章では架空の家族を設定し、いろいろな場面における相続対策をみていきます。
相続でもめないためにはどうしておけばよいのか、実際にもめてしまったらどのように対応すればよいのでしょうか。

ツバサさんのお父さんのアサヒさんは90代と高齢のため、相続対策をしなければいけません。アサヒさんが亡くなった場合の相続人は、現時点のツバサさんの認識では、次の4人です。

> ・ツバサさん（アサヒさんの次男）
> ・ツバサさんの姉のコマチさん
> ・ツバサさんの亡兄ヒバリさんの息子のハヤテさん
> ・アサヒさんと養子縁組をしているヒバリさんの妻のアオバさん

　このうち、ハヤテさんとアオバさんは、東京23区内にあるアサヒさん所有の自宅に住んでいます。

　ただ、ハヤテさんは、仕事がうまくいっているとは言い難い状況です。高校生時代は成績が優秀で大学の医学部をめざそうとしたのですが、ヒバリさんは年収が低かったため、おじいさんであるアサヒさんに資金援助を頼むも断られ、結局は医学部に進学できませんでした。

　しかも、その後に就職した会社でも、仕事があまりうまくいっていません。

　ツバサさんは、父親であるアサヒさんの財産はまだ調べていないのですが、自宅の他にはおおまかに2,000万円程度の現金があるようでした。

　さて、このような状況で、ツバサさんは税金をはじめとする相続に関して、どのような点に注意すべきでしょうか。

●ツバサさんの家族構成●

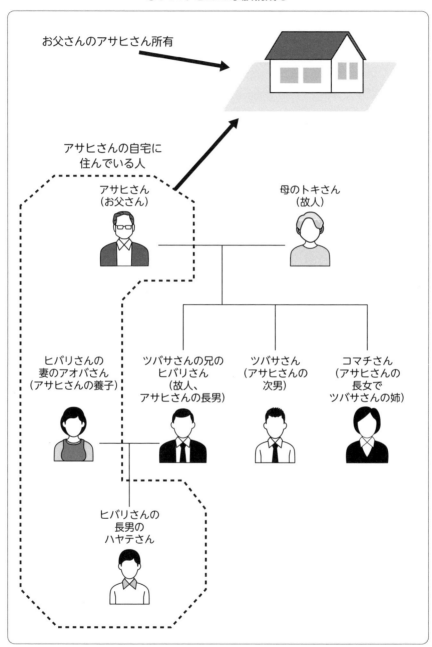

お父さんのアサヒさん所有

アサヒさんの自宅に
住んでいる人

アサヒさん
（お父さん）

母のトキさん
（故人）

ヒバリさんの
妻のアオバさん
（アサヒさんの養子）

ツバサさんの兄の
ヒバリさん
（故人、
アサヒさんの長男）

ツバサさん
（アサヒさんの
次男）

コマチさん
（アサヒさんの
長女で
ツバサさんの姉）

ヒバリさんの
長男の
ハヤテさん

2 相続への備えとして 何から始めればよいか

親の財産や遺言の有無を確認する

ツバサさんのお父さんのアサヒさんは健在ですが、90代と高齢ですので、ツバサさんが相続について対応を考え始めたのはよいことです。

この場合に着手すべきことは、以下のようになります。

- 相続税がかかるのかをおおまかに把握
  …相続税の課税対象となる財産がどの程度あるのか
- 隠れ債務がないか、念のため確認
  …借金等は隠したがる場合もあるので、怪しい兆候がある場合は潜在的な債務がないかを厳しくチェックする
- 推定相続人の数や範囲の確定
- 遺言の有無
- 状況が許すのであれば、アサヒさんに相続関連の相談をする
- もし遺言がない場合でアサヒさんの協力が得られそう、かつ、もめそうな推定相続人がいなさそうであれば、必要に応じて他の推定相続人も集めた上で遺産配分についての遺言作成を提案
- 遺言の提案を受け入れてくれる場合の公正証書遺言作成の手配
- もめそうな推定相続人がいる場合の戦略を考える
- もし相続税がかかりそうであれば税理士の手配（必要に応じて相談）
- もしもめ事が生じそうであれば弁護士の手配（必要に応じて相談）
- 相続が発生した場合の移転登記に備えて司法書士の準備

なお、税理士、弁護士や司法書士、不動産の時価の把握が必要な場合の不動産鑑定士などへの相談については、どれか一つの士業に依頼した上で、その依頼した士業から別の士業を紹介してもらうほうが合理的です。

224

税理士や弁護士、
裁判官は不動産の公正な価値に強いのか

　税理士や弁護士、裁判官は、一般の方からすると、「なんでも知っている専門家」のように見えるのではないでしょうか。

　しかし、結論から言うと、不動産の公正な価値の評価、いわば「社会一般から見たその不動産について妥当と判断される価値」を判断・決定する専門家は不動産鑑定士であって、税理士や弁護士、裁判官ではありません。

　税理士は税務代理・税務相談・税務申告の専門家、弁護士や裁判官は法的な弁護・主張の代弁や、これに基づき判決を行う等の法律行為の専門家であり、不動産価値の特別な専門的知識は持っていないことが通常です

　そのため、もし遺産争いの裁判になった場合、裁判の当事者が弁護士経由で「こういう理由でこの不動産の公正な価値はこの額である」というのを裁判官に説明する必要があるのです。ただ、一般の方はご自分では不動産の公正な価値を説明できないため、その代弁として不動産鑑定士に鑑定評価を依頼し、公正な価値の根拠の説明内容を明らかにした鑑定評価書を提出するという流れになります。

　言い換えれば、その不動産の公正価値を説明できている不動産鑑定評価書を「いかに美しく描く」かがその不動産鑑定士の腕の見せ所なのです。

　たまに「不動産鑑定士の鑑定評価を入れる前」の時点で不動産の価値が裁判所で問題になっている場合、不動産鑑定士の眼から見ると「とんでもない価格」で判断が下されそうになっているケースがあります。

　もちろん、そんなことになっていてこちら側に不利であれば、筆者は（不動産鑑定士として）全力で阻止するわけですが、もし、実際に遺産争いその他で、「裁判の場で不動産価値がとんでもない額と扱われ、これに基づき判断を下されそうになっている」場合は、税理士もしくは弁護士・司法書士経由で不動産鑑定士を紹介してもらい相談をされることを推奨したいと思います。

自宅に一部の推定相続人が
住んでいる場合は…

親と同居している相続人への対策

　本章のケースのように、「推定相続人（現時点では、ツバサさん、コマチさん、アオバさん、ハヤテさんの4人と推定）の一部が、推定被相続人（この場合はアサヒさん）と同居している」ときに、注意したい点があります。

　ハヤテさんとアオバさんはアサヒさんの自宅に同居しています。このため、相続に際してアサヒさんの自宅を欲しがる可能性が高いです。本来は彼らの家ではないので「当然に自分たちがもらう」と考えること自体が筋違いなのですが、現実問題としていろいろと手段を講じてくる危険性はあります。

　このため、「彼らのものと勘違いしている自宅を守るため」の行動には注意すべきでしょう。ツバサさんの目に見えない水面下で、何か講じているかもしれません。

　たとえば、お父さんと同居していることを利用して、お父さんの意にそぐわない遺言を作成させたり……等も考えられます。

　あるいは、アオバさんはアサヒさんから見たら「亡き長男の嫁である義理の娘」ですから、直接の血の繋がりはありません。このため、水面下でお父さんをいじめる可能性すら否定できないでしょう。ハヤテさんもアサヒさんから学費援助が受けられなかったことを根に持っていれば、やはり何をするかわからない面もあります。

　本来は、「この支出の範囲で、きちんと介護する」等の条件を明確にせずに同居すること自体を許すべきではないのですが、現実的にそうなっている家庭も多いのではないでしょうか。

　このような「自宅の一部に他の推定相続人が住んでいる」場合は、その自宅を得るために強引な手を打ってくる危険性にも注意すべきでしょう。

　できれば、同居をする際の条件を他の推定相続人（この場合はツバサさんやコマチさん）の前で明確にするだけでなく、条件が守られない場合の罰則

も用意して実効性を高めてから同居させる、という体制を整えることも重要でしょう。

◉相続人と同居している人がいる場合◉

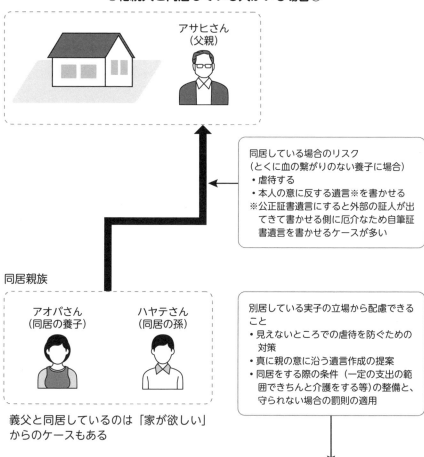

アサヒさん
（父親）

同居している場合のリスク
（とくに血の繋がりのない養子に場合）
・虐待する
・本人の意に反する遺言※を書かせる
※公正証書遺言にすると外部の証人が出てきて書かせる側に厄介なため自筆証書遺言を書かせるケースが多い

同居親族

アオバさん
（同居の養子）

ハヤテさん
（同居の孫）

義父と同居しているのは「家が欲しい」からのケースもある

別居している実子の立場から配慮できること
・見えないところでの虐待を防ぐための対策
・真に親の意に沿う遺言作成の提案
・同居をする際の条件（一定の支出の範囲できちんと介護をする等）の整備と、守られない場合の罰則の適用

ツバサさん
（別居の次男）

コマチさん
（別居の長女）

4 遺産の総額を確認してみよう

おおまかでよいので現在の財産を把握しておく

通常、相続の問題には大きく分けて3つあります。

---

① 相続税が発生する場合の税負担の問題

② 遺産配分でもめた場合の問題

③ 税負担や遺産配分で代償金を払う場合の資金繰りの問題

※このほか、被相続人が事業を営んでいた場合の事業承継の問題等、
別の問題が生じる場合もあります。

まず、①の税負担ですが、アサヒさんが亡くなった際に、相続税がかかるのかを確認しないと始まりません。

理想的なのは、相続税に強い税理士に簡単に現状の財産状況を提示して相談することですが、相談料がかかる場合が多いでしょう。

そこで、まずは簡単に相続税の課税対象となる財産を、ある程度の概算でよいので把握しておくようにします。たとえば土地がある場合（相続財産に占める土地の割合が高いことが一般的ですので）、以下のようにおおまかに把握しておきます。

・相続税路線価による価格から把握
・固定資産税課税明細などから固定資産税評価額を調べて把握（その8/7倍）

おおまかに把握した土地の価格に現預金や建物、株式等の他の財産を加算して、「今、仮に相続が発生した場合の遺産の総額」を把握するとよいでしょう。

●相続に関する主な問題点●

通常の相続であれば、この３点が問題ないかを意識することがスタートと思われる

↑

通常の相続で考慮すべき
３つのポイント

遺産配分の問題
（遺留分の問題を含む）

相続税の問題
（税額圧縮のための生前からの対策を含む／
結果として相続税がない場合も多い）

資金繰りの問題
→代償金や相続税等を払うための資金が足り
　ない場合の、資金調達の問題

その他、特殊な場合で考えるべきポイント

被相続人が事業を営んでいた場合の事業の扱い
→事業を継続するのか、廃業する場合はその事業で雇っていた人の再就職の扱い
　等の後始末の問題

被相続人の債務が多かったため相続放棄する際の手続き

遭難等で行方不明のまま、失踪宣告の申立てをする際の手続き

ほか

5 どうやって親に協力してもらうか

相続の話の上手な切り出し方

　ツバサさんの立場からすると、アサヒさんが財産のリストや固定資産税評価額を見せてくれるとは限りません。下手をしたら、「お前は私の財産を狙っているのか」と不信感を持たれ、遺産配分で不利になりかねません。

　もちろん親御さんの性格にもよりますが、筆者がこのような相談を受けた場合は、できるだけ「別の理由で、税理士（もしくは弁護士や司法書士）と相談したいので」という形で親御さん同伴の上で相談に乗ってもらい、その過程で士業の側から「そういえば相続対策ってどうなっていますか」という切り出し方をしてもらうという手法をお勧めしています。

　たとえば、ツバサさんにお子さんがいる場合は、アサヒさんにすれば孫ですから、「孫の教育資金の贈与の相談を税理士にしてもらうのだけど、父さんにも同席してもらってもいい?」といった具合です。孫の教育のためというのであれば、おじいさんにとっても自分の相続の話をされるよりはるかに気分がよいでしょう。

　これは一つの例であり、その家庭の状況にあったさまざまな形態が考えられるでしょう。ポイントは、「相続とは別の話題」を「外部の専門家」から話してもらうついでに、相続にもふれるという点です。

　その際、できれば「昔から友人の税理士等」がいれば、関係性や人柄にもよりますが、友達ベースで付き合ってもらうのも一案です。

　本来は相談料がかかりますし、安易に値切ることは慎むべきですが、その専門家の好意で、宴席1回分をおごる程度で「今回はいいよ」と言ってくれる場合もあるからです。また、何より昔からの信頼関係があり、親御さんも「お前の友人なら」と話に乗りやすいでしょう。

とにかく、相続の話を切り出す際は、「親御さんへの配慮」が大切だということをご理解いただければと思います。

◉（配慮なく）いきなり相続の話を切り出した場合◉

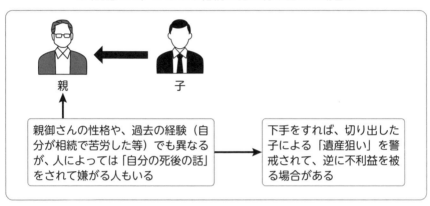

親

子

親御さんの性格や、過去の経験（自分が相続で苦労した等）でも異なるが、人によっては「自分の死後の話」をされて嫌がる人もいる

下手をすれば、切り出した子による「遺産狙い」を警戒されて、逆に不利益を被る場合がある

◉一定の配慮を施して相続の話を切り出した場合◉

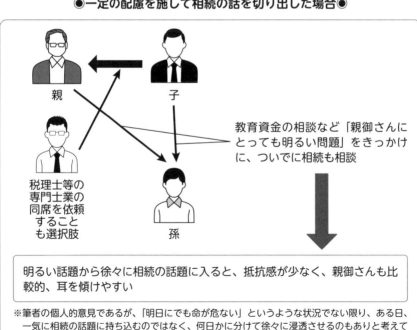

親

子

税理士等の
専門士業の
同席を依頼
すること
も選択肢

孫

教育資金の相談など「親御さんにとっても明るい問題」をきっかけに、ついでに相続も相談

明るい話題から徐々に相続の話題に入ると、抵抗感が少なく、親御さんも比較的、耳を傾けやすい

※筆者の個人的意見であるが、「明日にでも命が危ない」というような状況でない限り、ある日、一気に相続の話題に持ち込むのではなく、何日かに分けて徐々に浸透させるのもありと考えている。

　まず、アサヒさんが所有する住宅の評価額について概算してみたいと思います。

　本来、土地を含む相続税の評価額の計算……といいますか、相続税申告書の作成は、税理士が税理士専用の相続税申告ソフトにさまざまな分析をした上で入力し、自動計算で相続税額まで記載された申告書を作成する流れです。

　しかし、一般の方がそこまでするのは無理があります。

　そこで、現実的に対応可能な土地の評価額の概算については、たとえば以下の2つの手段でざっくり把握するのも一案と思います。

①　土地の固定資産税評価額を教えてもらえた場合は、その8/7倍をする。

　　固定資産税評価額は建前として公示価格等の7割、相続税路線価は建前として公示価格等の8割を目安としているため、土地の固定資産税評価額が判明している場合は、その8/7倍をすればよいというわけです。ただし、まれに極端に相続税路線価と固定資産税路線価が乖離している土地もあったりしますので、この手法で概算する場合は念のため前面道路の固定資産税路線価と相続税路線価がおおむね「7対8」程度の関係かは確かめたほうがよいでしょう。

②　土地の固定資産税評価額が不明の場合は、前面道路の相続税路線価に、単に登記簿記載の面積（私道部分が含まれる場合は、その部分は除く）をかける。

　　本来は補正率等も考慮するのですが、概算レベルであれば、よほど極端な不整形等でない限りは、とりあえずは面積（地積数量）に相続税路線価をかけておけばよいでしょう。

●本来の評価額の計算（財産評価基本通達に基づく場合）●

税理士が相続発生時点の相続税路線価に補正率を考慮するなど厳密に計算して算出した単価に面積を乗じて、財産評価基本通達に基づく土地の評価額を算出する

→

ただし、財産評価基本通達が想定していない特別な事情があって明らかに財産評価基本通達に基づく土地の評価額が市場価値より高い場合は、不動産鑑定士に鑑定評価を依頼する場合もある（鑑定評価額で申告するかは相続人と税理士の協議による）

●おおよその概算の方法●

そもそも「将来、いつ相続が発生するかが不明」である上に、相続が発生した年の相続税路線価がまだわからないから、概算にならざるを得ない

どこまで厳密に計算するかにもよるが、筆者個人の見解としては、一般の方が概算で財産評価基本通達に基づく土地の評価額を求める程度であれば、とりあえずは現時点の前面道路の相続税路線価に土地の面積を乗じる程度で十分と考えている（ちなみに、筆者が概算で相続対策の意見を問われた際も、よほど極端な個別格差がない限りは同様の対応をしている）

とりあえずの概算レベルであれば、以下の式に当てはめて財産評価基本通達に基づく土地の評価額を計算する程度で十分と思われる（①もしくは②で求め、場合によっては①②の中庸値を採用する等）

①現時点の相続税路線価から概算する方法

現時点の前面道路の相続税路線価	×	面積	=	概算の財産評価基本通達に基づく土地の評価額

原則として、登記に記載の地積（固定資産税課税明細にも記載がある）だが、たまに私道部分の面積が含まれる場合があり、その場合は建築計画概要書の敷地面積等で判断する

②固定資産税評価額が判明している場合は、これから推定する方法

現時点の固定資産税評価額	×	8/7	=	概算の財産評価基本通達に基づく土地の評価額

都税事務所もしくは各市町村から送付される固定資産税課明細の「価格」の欄を見る

建前で、固定資産税評価額は市場価格（公示価格）の7がけ、相続税評価額は市場価格（公示価格）の8がけとされていることを利用して補正する。ただし、まれに極端に固定資産税路線価と相続税路線価が乖離している場合がある点に注意

ツバサさんは、法務局でアサヒさんの自宅の土地について登記の全部事項証明書（登記簿の内容を記載した証明書）を取得したところ、地積が「150㎡」とありました。前面道路が区道のため私道部分等はないようで、前面道路の相続税路線価は「400,000円／㎡」の整形の中間画地（つまり角地等ではない）でした。

　ですので、相続税路線価の概算は「400,000円／㎡×150㎡→60,000,000円」程度と概算されました（以下、「相続税評価額」とします）。

　ただし、これはあくまでも現時点での概算であり、厳密に補正率などを分析すれば価値が変動する場合があるほか、現時点から実際の相続発生時点までの間にも相続税路線価やこれに基づく相続税評価額が変動しうる点に留意すべきでしょう。

遺産争い「後」も考えよう

　遺産配分やその延長にある遺産争いというと、どうしても「遺産をいかに満足の行く形で取得するか」に意識が行きがちですが、実は「その後」も考えないといけないのです。

　敵対した親戚とは付き合いが切れることも多いでしょうが、今回の相続に関係のない親戚との付き合いは残る場合もあり、下手をするとその親戚との関係でいろいろと難しい問題が生じることもあるからです。

　あるケースでは、相続発生前は見栄を張り続けていたのに、実際にはなけなしの貯金で負担が大きかったのか、支払いが決定したのに代償金を渋っている相続人がいました。このとき、たまたま代償金を受け取る側の息子さんが高収入の方だったのですが、その相手方の各相続人に支払う代償金の合計額がその方が1年強程度で貯蓄できる額と同程度だったそうです。

　その息子さんにしては「自分が1年強で貯められる程度の額も払えないのに見栄を張り続けていたのか」と呆れたでしょう。他の親戚たちも、むしろ哀れに感じていたそうです。その相続人が最も大切にしていた見栄が木っ端みじんに破壊された瞬間だったといえるでしょう。

　このケースなど、「後」を考えずにただただ見栄を張った結果が逆効果に終わったといえる話でしょう。

　一方で、共通の利害があるため一緒に戦った親族同士のなかには、それまで親密な付き合いではなかったのに、諸々を真摯に協力しあえた結果、それを機にお互いを理解しあって、以後はいろいろと仲良くでき、相互に経済的にも心理的にも利益が生じたという方もいらっしゃいました。

　この場合は、遺産争い「後」を建設的にできた好例でしょう。

　遺産争いの場でそこまで意識される方は少ないと感じていますが、遺産争い「後」にも意識をおいて行動されると、その後が幸せになるのではないでしょうか。

7 建物の相続税評価額を 概算してみよう

固定資産税評価額がわからなくてもざっくり概算で把握する

建物の相続税評価額は、実務上は固定資産税評価額によることが通常です。

ただし、特別な事情がある場合には、不動産鑑定士による鑑定評価で土地・建物一体の価格を把握する場合もあります。

そのため、都税事務所（もしくは各市町村）から送られてきた固定資産税課税明細を見て固定資産税評価額を把握します。もちろん、実際の相続税発生までに価値が変動する可能性がありますし、とくに建物については相続発生が遅くなればなるほど、すでに耐用年数が満了していない限り、それだけ経年減価も増えて建物の固定資産税課税標準額も減りますが、一つの指標にはなります。

ただ、親御さんの協力が得られるとは限りません。そのような場合は、ある程度は概算で対処するのも一案でしょう。

本来は、建物の固定資産税評価額は、33ページで説明したとおり、再建築費評点数に経年減点補正率を考慮する等で「延床面積1㎡当たりのその時点のその建物の価値」を求め、これに建物の延床面積（各階の床面積の合計）を乗じて求めます。

ただし、そこまでの厳密な評価はむずかしいでしょうから、以下の方法で概算してみる程度でよいのではないでしょうか。

① 通常の戸建住宅である新築建物であれば、100,000〜130,000円/㎡に延床面積（通常規模の戸建住宅であれば80〜120㎡程度。未登記の増築・一部取壊しがなければ登記簿記載の各階の床面積の合計）を乗じる。ただし、豪邸の場合は単価が上がる点に注意

② たとえば、築年数が30年以上の戸建住宅であれば、おおむね耐用年

数満了済の場合が多いため、通常規模の面積であれば2,000,000〜3,000,000円程度を見込む

③　その間の築年数の建物であれば、年数に応じて①②の間をとる

ツバサさんは固定資産税課税明細は見られなかったのですが、アサヒさんの家は、新築後40年が経過した古家で、規模も通常規模でした。

そこで、ここではざっくり「3,000,000円」と計算することとしました。

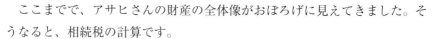

8 相続税はいくらかかるのか

特例を適用すると課税されないことも

　ここまでで、アサヒさんの財産の全体像がおぼろげに見えてきました。そうなると、相続税の計算です。

　アサヒさんの財産は、現時点の概算ですが葬儀関連債務を1,000,000円程度と見込んだ上で、相続税計算用の便宜的な財産価値の総額を以下と概算しました。

- 土地→相続税評価額はおおむね60,000,000円程度
- 建物→3,000,000円程度と仮定
- 現預金→20,000,000円程度
  ※葬儀関連による債務を1,000,000円と見込み、合計82,000,000円程度。

　なお、アサヒさんは上場銘柄の株式はもっていませんが、仮に上場銘柄の株式をもっていてその銘柄がわかる場合は、株式の口数にインターネット等で調べた現時点の1口当たりの時価を乗じて得た株式の価値も加算します。

　逆に、借金がある場合は、借金の額をマイナスします。

　一方、法定相続人は、現時点で把握しているのは、ツバサさんの他、コマチさん、ハヤテさん、養子のアオバさんの4人です。

　したがって、相続税計算上の基礎控除額は「30,000,000円＋6,000,000円×4→54,000,000円」と計算されます。仮に適用できる特例がなければ「82,000,000円＞54,000,000円」ですので、相続税が課されることとなります。

　つまり、「自分やその配偶者が所有している家に住んでいない」などの一定の要件を満たす被相続人の親族が、被相続人の自宅を相続し特定居住用宅地等についての小規模宅地等の特例を適用する場合は、適切な相続税申告を前提として自宅の土地は20％評価となります。

アサヒさんの相続の場合は、「60,000,000円×20％＋2,000,000円＋20,000,000円→34,000,000円＜54,000,000円」です。つまり、相続税は課税されないことになります。

　したがって、①特定居住用宅地等についての小規模宅地等の特例の適用で相続税を無税にできる点を念頭におき、②相続税申告を依頼できる税理士を探すことを、ツバサさんは検討すべきでしょう。

　なお、非上場株式等、換金価値が容易に見えない財産は、相続税財産評価基準上も計算が難解ですので概算はむずかしい面があることから、この場合は現実的には税理士に相談すべきでしょう。

●特例が適用されると相続税はかからない●

土地が特定居住用宅地等についての 小規模宅地等の特例の適用対象ではない場合	土地が特定居住用宅地等についての 小規模宅地等の特例の適用対象である場合
※この場合は、ツバサさんやコマチさんが要件を満たしておらず、かつ、自宅を相続した場合が該当とする	同居親族である等、一定の要件を充足する親族が相続すれば特例により土地は20％で評価 ※この場合は、アオバさんやハヤテさんが自宅を相続した場合が該当とする
↓	↓
土地…60,000,000円	土地…60,000,000円×20％ →12,000,000円
建物…3,000,000円	建物…3,000,000円
現預金…20,000,000円	現預金…20,000,000円
想定葬儀費用…△1,000,000円	想定葬儀費用…△1,000,000円
合計…82,000,000円	合計…34,000,000円
↑	↑
法定相続人が4人とすると基礎控除54,000,000円を超えるため、相続税申告の上で相続税納付の必要あり	法定相続人が4人とすると基礎控除54,000,000円以下のため、適切に相続税申告をすれば相続税はかからない

※実務では、実際には家財道具等も考慮しますが、本書では考慮外とします。

狡猾な相続人にはくれぐれも要注意

　相続人の中には、とことん狡猾な人がいます。

　その相続人があまり納得をしておらず、しぶしぶ遺産分割協議書に署名押印を……という話になったとき、注意したいのは、押印が印鑑証明のあるハンコかどうかという点です。

　狡猾な相続人の場合、「この場では渋々、遺産分割協議に応じる体裁にするが、とりあえず三文判でも押しておいて、あとでもめた際に『あれば三文判だから無効』と主張する」余地を残しかねないのです。

　自己の財産を確保しようと必死な相続人は、ハンコに限らず、何をしてくるかわかったものではありません。

　できれば、遺産分割協議書の作成は、弁護士か、登記関連の業務が絡む場合は司法書士でも対応できますので司法書士に依頼して、専門的見地から確実な遺産分割協議書を作成することが無難です。

　また、弁護士や司法書士に依頼せず、相続人間だけで遺産分割協議書を完成させる場合においても、その遺産分割協議書が無効にならないよう、不備がないかは十分に検討すべきでしょう。

9 自宅の相続について覚えておきたいポイント

立場によっては特例を適用しないほうが有利になる相続人もいる

　前項のとおり、アオバさんとハヤテさんが家と土地を相続する場合は、特定居住用宅地等についての小規模宅地等の特例を要件に相続税がかからないことがわかりました。

　ただ、遺産配分では、もう一つ注意したいことがあります。

　ツバサさんとコマチさんの立場からすると、遺言がない場合、アオバさんやハヤテさんとの関係にもよりますが、「アオバさんやハヤテさんをアサヒさんが亡くなった後にまで住まわせる義務」はないわけです。

　たしかに、アオバさんやハヤテさんが相続した場合は、適切な相続税申告をすれば相続税は発生しません。ただし、そこに固執するのは、ツバサさんやコマチさんにとって得策ではない場合があるのです。

　つまり、状況次第ですが、仮に相続税を払ったとしても、その額が少額であれば、妥協してアオバさんやハヤテさんに自宅を渡して法定相続分に見合わない少額の代償金（88ページ）をもらうよりも、「若干の相続税を払ってでも自宅を引き取ったり、自宅を売却してきっちりと相続人の人数で平等に按分する」としたほうが、売却時の譲渡所得税等を含めて考えても、現実的には有利となる場合もあり得るのです。

　ツバサさんやコマチさんの立場からすれば、「アオバさんやハヤテさんには出て行ってもらって、自分たちが相続したり自宅を売却する線も念頭に入れて交渉する」とよいといえます。このことは、「戸建住宅が相続財産の大半を占める」幅広い一般の相続において同様ですので、ご記憶いただければと思います。

　逆に言うと、自宅を守りたい側から見た場合、この点を認識して普段から推定被相続人（親御さん）や推定相続人（兄弟姉妹等）との関係を良好にし

ておき、十分に理解を求めておく必要があるといえます。

「あえて特定居住用宅地等についての小規模宅地等の特例を使わない遺産配分としたほうが、若干の相続税が発生したとしても自宅等をもらう予定がない相続人にとっては有利な場合がある」点は念頭におくべきでしょう。

◉仮にツバサさんやコマチさんが自宅を相続するとしたら…◉

現時点では法定相続人が4人との認識のため、法定相続割合で4等分する前提で相続と見なすと一人当たり「(82,000,000円－54,000,000円)÷4→700万円」となり、税率は10％となることから、特別控除の適用がない場合は「700万円×10％×4→280万円」が4人の相続税の総額となる。
※各種控除・2割加算等はないものとする。

ツバサさんやコマチさんの立場からすると、「仮に全財産を相続したとしても相続税は280万円」。
このため、特定居住用宅地等の特例を「何がなんでも適用しよう」として自宅をアオバさんやハヤテさんに相続させるのは得策ではなく、「相続税負担が自宅の価値に比較してわずかなので、自分たちが相続して売ってもよい」と強く出る選択肢がある。

このように、「何が何でも特定居住用宅地等の特例」と固執しないで、税額との見合いで「相続税を払ってでもより多くの財産をもらう選択肢」も念頭に入れて交渉してもよいと思われる。

このような分析を可能にする意味でも、概算での不動産価値や、相続税額の把握は相続発生前から準備しておきたいものである。

アサヒさんは、アオバさんとハヤテさんと同居しています。アオバさんは長男（故人）の妻、ハヤテさんはその息子です。

こういう推定相続人がいる場合は厄介です。なぜなら、前述したような以下の懸念が生じる可能性があるからです。

---

① アサヒさんはアオバさんと血の繋がりがないため、どうしても実の親に比べて扱いが悪くなる。下手をすれば隠れて虐待をしている危険すらある

② 長男や長男の息子は、「長男」であることを重視し、家督だなんだといって過剰な権利を主張してくることもある。とくに、仕事でうまくいっていなかったり過去の経緯がある等の理由で、祖父であるアサヒさんによい思いをもっていなかったりといった理由で、心理的・経済的に余裕のない状態にある場合にこの傾向は顕著である。

アオバさんについては、アサヒさんの家に同居しているのは、「アサヒさんが亡くなったら自分やハヤテさんに自宅がもらえる」と期待しているからと言ってもよいでしょう。ですので、そのような動機があるかもしれないことを念頭において、相続対策を考えるべきです。

また、ハヤテさんは進学の際の援助をことわられたことを根にもっている可能性が高い上に、仕事もうまくいっていないため心理的・経済的に余裕のない状態です。

そのため、アオバさんとハヤテさんは全力で自宅を守ろうとしてくるかもしれません。これは、ツバサさんの立場からすれば、遺産分割が相当に難航すると考えてよいでしょう。

　このような状況において、考えておくべき点があります。それは、ツバサさん同様に、コマチさんも「アオバさんやハヤテさんに横暴に振舞われたら困る」立場にあります。

　そこで、ツバサさんとしては、よほど関係が悪くない限りは、コマチさんを味方につけるべきです。このような局面では、「自分が率先して素晴らしい活躍をしている」と思いたいのか、他の相続人を下に見る人もいますが、変にコマチさんを下にみて、いわば仲間割れを起こしてしまったら、アオバさんやハヤテさんの思うツボです。

　相続争いのタネがある場合は、ターゲットは一つに絞り、できる限り味方の相続人を増やすことが鉄則といってよいでしょう。

◉相続人どうしの仲間割れはしない◉

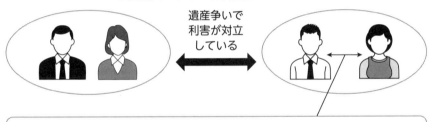

遺産争いで
利害が対立
している

利害が一致しているのに、ここで仲間割れしていては相手方の思うツボ

相続の局面では、「自分が素晴らしい知識を持っていて率先して動いている」とアピールして、せっかくの味方の感情を害する人がいることもある

相続の目的はあくまでも「納得のいく遺産配分を得る」ことであり、とくに利害の一致している相続人間で仲間割れを起こすような言動は厳に慎むべきである。

利害の一致する相続人を集めて、士業の専門家から意見や指針のアドバイスをもらうようにするのが有意義である。

遺産配分でもめないために

　ツバサさんは、アサヒさんの財産状況をおおむね把握できました。

　ただ、実際に相続があったとき、アオバさんやハヤテさんが「自宅をください」と言ってくることは容易に想像できます。この状況を放置していると、結局は相続争いとなることが予想されます。

　では、どうすればよいでしょうか。

　これは家庭の状況にもよりますが、前述のとおり、税理士等の同席のもと、できる限り多くの推定相続人がいる場で、遺産配分についてアサヒさんと相談しておくべきだと思います。その上で、ツバサさんの調べた財産の情報等の見解を明確に伝えるべきでしょう。

　この場合でも、アオバさんやハヤテさんがにその情報を悪用される危険性もあるのですが、大切なことは肝心のアサヒさんという「親」に知ってもらうことです。

　将来は遺産配分をするとしても、今の時点ではあくまでもアサヒさんの財産なのですから、アサヒさん本人が望む遺産配分をしてもらうことが、本来の姿なのです。

　そのためにも、まずはアサヒさんの意思を尊重すべきでしょう。その過程で介護が必要な状況であれば、アオバさんやハヤテさん以外の外部のヘルパーに依頼することも視野に入れながら、今後の方針を決めるのも一案でしょう。

　ただし、その場合に注意したいことがあります。

　アオバさんやハヤテさんの理想は、「将来、相続が発生した際には、預金はツバサさんやコマチさんに渡してもよいので、とにかく自宅を自分たちがもらう」ことです。しかし、預金が減れば減るほど、相対的に相続財産に占める自宅の価値の比率が高まるため、遺産配分でもめる可能性が高まります。

　ヘルパーへの報酬で預金が減ると、最悪は自宅を売却して換金するとなりかねないので、ヘルパーを依頼することに警戒しかねません。しかし、あくまでもアサヒさんの財産ですから、アサヒさんが幸せな最期を迎えることに注力すべきでしょう。

　最善の解決策は、相続対策の重要性をアサヒさんに納得してもらい、前述の会議の内容を踏まえた公正証書遺言を作成してもらうことでしょう。

◉相続人の間で話し合っておく◉

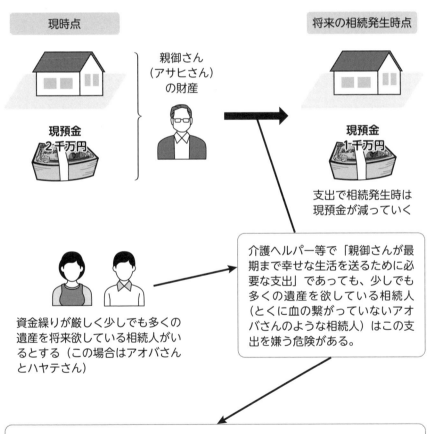

現時点　　　　　　　　　　　　　　　　将来の相続発生時点

親御さん
（アサヒさん）
の財産

現預金
2千万円

現預金
1千万円

支出で相続発生時は
現預金が減っていく

資金繰りが厳しく少しでも多くの遺産を将来欲している相続人がいるとする（この場合はアオバさんとハヤテさん）

介護ヘルパー等で「親御さんが最期まで幸せな生活を送るために必要な支出」であっても、少しでも多くの遺産を欲している相続人（とくに血の繋がっていないアオバさんのような相続人）はこの支出を嫌う危険がある。

本当に親御さんのためを思っているのであれば、必要な支出をできるよう、推定相続人を全員集めて十分な協議をすべきである。

12 親の判断能力に衰えが見られたら

成年後見人の選任を検討しよう

　アオバさんやハヤテさんの存在により、大変難しい状況に陥っているアサヒさんの相続対策ですが、もう一つ大切なポイントがあります。

　幸いなことにアサヒさんには2,000万円の預金がありますので、ある程度はまだ「幸せな最期」を迎えるために、資金投入ができます。そこで、もしアサヒさんの判断能力に衰えの兆候が見られる等、十分な判断が難しい状況にある場合は、毎月若干の負担はありますが、「成年後見人」をつけることを検討してもよいでしょう（家庭裁判所に申し立てる）。

　成年後見人とは、司法書士等の専門家が選任されることが多いようですが、「本人の意思を尊重し、かつ本人の心身の状態や生活状況に配慮しながら、必要な代理行為を行うとともに，本人の財産を適正に管理していくこと（裁判所のホームページより引用）」を役割とする人です。

　成年後見人を立てておくことで、アサヒさんの財産をアオバさんやハヤテさんが好き勝手に浪費したり処分したりすることを制限できるのです。

　なお、成年後見人は「包括的代理権」を認められますので、本人に代わって税務署への確定申告等ができます。ただし、いくら成年後見人が包括的代理権を有するからといって、本質的には税理士ではありませんので、専門的な税の問題が生じた場合は税理士に相談することになるでしょう。

　親御さんの判断能力が衰えている場合は、成年後見人の選任の申し立てを検討してもよいでしょう。

　ただ、残念なことに、ツバサさんはそのような対処をせず、財産はほとんど変動せず、アサヒさんが亡くなり相続が発生してしまいました……。

●成年後見人を選任する●

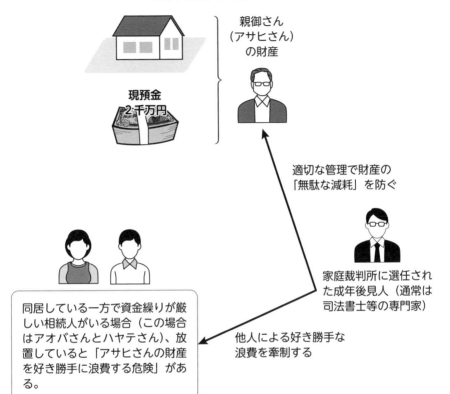

親御さん
（アサヒさん）
の財産

現預金
2千万円

適切な管理で財産の
「無駄な減耗」を防ぐ

家庭裁判所に選任され
た成年後見人（通常は
司法書士等の専門家）

同居している一方で資金繰りが厳
しい相続人がいる場合（この場合
はアオバさんとハヤテさん）、放
置していると「アサヒさんの財産
を好き勝手に浪費する危険」があ
る。

他人による好き勝手な
浪費を牽制する

税理士の確認書

　筆者は相続税申告の依頼をいただいた際には、申告直前にご依頼者に対して確認書を依頼しています。

　つまり、税理士が税務申告の代理をする契約に際して、「どんな申告をしてもいかなる損害賠償を負担しない」という条項を入れるのは、消費者保護法に照らして認められないそうなのです。しかし、申告業務を進めていると、判断に迷ったり、不明な事項もあります。けれども、この点をいい加減に扱い下手な申告をしたら、税理士に賠償責任が課されかねません。税理士が賠償責任を負わないためには、「十分にご依頼者に税務リスクや問題点を説明した」上で、「ご依頼者（納税者）がOKし指示した」ことを前提とした申告でないとダメなのです。

　そして、説明責任や依頼者がOKし指示があった旨を記録しておかないといけまません。そのため、筆者は、説明を要する事項や指示があった旨を確認書という書面で確認する形にし、ご依頼者に署名押印を求めており、これを得てから申告をしています。なお、この点は相続税以外の申告でも同様です。

　例えば、隠し財産があった場合などは、その結果で税額が変動したり税務署ともめる危険性もなくはないですが、未然にトラブルを防止する意図で「被相続人が有していた財産をすべて税理士に伝えており、万が一、伝えた以外の財産が発覚して相続税額に影響があったとしても、税理士には一切の責任を負わさない」との項目を織り込み、ご依頼者に確認しているのです。

　ただ、筆者はそのようなフォーマットを用意していますが、実態として「初めて相続税を扱う」というような税理士の中には、「確認書ってなに？」という人もいるのです。そのような税理士の話を聞いた場合、それで事故を起こしたら目も当てられないので、見かねて、筆者がフォーマットを無償で提供している実態すらあります。

　一方で、税理士の確認書は、ご依頼者側にとっても、本当にその申告内容でよいのかを確認できるよい機会であるというメリットがあります。

　そのため、もし相続税を依頼し「これから申告する」という段階になった場合、税理士側に確認書の提示を依頼することが望ましいと思っています。事故は、ご依頼者側にとっても負担がかかり不幸ですので、前もって確認しておくに越したことはないのですから。

●相続確認書の例●

確　認　書

令和　年　月　日

冨田建不動産鑑定士・公認会計士・税理士事務所　冨田　建　様

私は被相続人　●●　の相続税の申告の検討にあたり、貴事務所に相続税の課税対象であるか否かの関係書類の作成事務を依頼いたしました。依頼に基づいて、貴事務所にて作成された相続税申告書及びその添付書類に関連し、下記の事項について確認します。

(1)　この確認書に添付された検討資料及びその添付書類（以下"書類"）の内容を査閲し、私の知る限りのすべての相続財産（家族名義、他人名義であっても被相続人が原資を負担した「名義財産」を含む。）及び被相続人からの相続開始前3年以内の生前贈与財産がもれなく記載されていることを確認しました。

(2)　"書類"に記載された相続財産の評価方法及び評価額について疑問の点については、貴事務所にすべて確認し、すべて了解しました。

(3)　"書類"は、私が提供した限られた資料・情報（私が他の者に指図して貴事務所に提供された資料・情報を含む。）に基づいて作成されています。したがって、私が提供していない資料・情報により"書類"の記載内容に変更を生じ、その結果、相続税額（及び附帯税を含む）に変更を生じても異議はありません。また、万が一、記載内容に想定していない誤りや解釈の相違がある場合は相続税その他の税が変動する可能性については貴事務所から十分に説明を受けている点と、その結果として生じた相続税その他の税の変動に基づく一切の損害は、私にある点、了承いたします。

(4)　私は、貴事務所により"書類"が誠意を持って作成されたことを理解しています。したがって、その作成の過程において、貴事務所が行った判断につき、課税当局が異なる見解を示したため、相続税額（附帯税を含む）に変更を生じても異議はありません。

(5)　土地の評価については様々な見解があり、貴事務所はその中で最良のものを選択したことを了解し、見解の相違により評価が増えることも了解しました。

(6)　遺産分割協議書の内容は相続人間（ないし裁判所）で決定することを承知しております。

(7)　"書類"を貴事務所の合意を得ることなく第三者へ提供したり閲覧させることはありません。

(8)　下記の①～③の事項については、確かに税理士より説明を受け承諾した点、確認いたします。

　　そして、確認事項に誤りがあった場合は税務当局により追加の税負担が課される可能性がある旨を説明受けた点も確認の上で、この事に伴う一切の税負担を相続人一同が連帯して負う点を確認いたします。

　①　不動産につき相続税財産評価基本通達6項に基づく評価の結果として課税遺産額に変更が生じ、追徴課税される危険を完全否定はできないが、本件ではその可能性が低いと思慮される点に鑑み、相続税路線価等で評価を行うことを承諾した点

　②　●●　（その案件ごとに個別の確認事項を入れる）

　③　●●

(9)　私は、書類提供や情報提供等、貴事務所より要請があった事を期限内にできなかった場合、相続税その他の税が変動する可能性がある事について説明を受け、その結果として追加の税負担があったとしても相続人一同が全責任を負い、貴事務所に責任を負担させない点を誓約します。

相続人　　　住所：＿＿＿＿＿＿＿＿＿＿＿＿＿＿＿＿＿＿＿＿＿＿＿＿＿＿＿

　　　　　　　氏名：＿＿＿＿＿＿＿＿＿＿＿＿＿＿＿＿＿＿＿＿＿　　◯

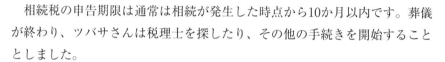

13 相続税の申告へ向けた 準備を開始する

税理士への依頼は相続人共同で行うとよい

　相続税の申告期限は通常は相続が発生した時点から10か月以内です。葬儀が終わり、ツバサさんは税理士を探したり、その他の手続きを開始することとしました。

　相続税申告での税理士選びのポイントは、「相続税に強い」税理士を紹介してもらうことです。税理士でも専門分野があるので、この点は大切でしょう。

　たまたま学生時代の知り合いに公認会計士がいたので、その紹介で相続税に強いトミタ税理士を紹介され依頼することにしました。しかし、それまで税理士に依頼したことのないツバサさんは、何をしたらよいかが不安でした。

　税理士に依頼する際の大切なポイントは、できれば単独ではなくできるだけ多くの相続人で依頼することでしょう。

　ツバサさんの場合は、少なくともコマチさんとは敵対関係にありませんので、コマチさんの承諾を得て共同で依頼することが妥当です。また、現時点ではアオバさんやハヤテさんも方向性を明確にしていないので、もしかして友好的に共同で依頼できる可能性もあります。そうすることで、人数が多いほど一人当たりの税理士報酬の按分額も減り有利なのです。

　ただ、ツバサさんがアオバさんやハヤテさんに声をかけたところ、なしのつぶてでした。

　ちなみに、「反応がないとき」は、水面下で何かが起こっている可能性もあります。ツバサさんやコマチさんとしては、アオバさんとハヤテさんの動向に注意すべきでしょう。

　トミタ税理士からの依頼リスト（75ページ）に基づき、ツバサさんは資料

の準備を始めました。確保していた葬儀費用関連の領収書や記録等を整理する一方で、預金の残高証明書や戸籍謄本等は相続人であれば取得できますので、身分証明書を提示し、銀行や役所から取り寄せました。

　ここで大切なことは、ダウンしないことです。相続人には、ただでさえ親御さんが亡くなった心労があります。無駄にのんびりするのはよくないですが、申告期限は10か月先ですので、くれぐれもダウンしないよう、無理のない範囲での行動を心がけるべきでしょう。

14 相続人が知らない財産があるケースも

隠れた財産や債務の存在に注意しよう

　税理士に依頼する際に、注意したい点があります。

　ツバサさんが知る限り、アサヒさんの財産は自宅の土地・建物と、現預金2,000万円だけですが、それはあくまでも「知る限り」です。実は、アサヒさんは相続人の誰も知らない隠れた財産を持っていたかもしれません。

　万が一、このような財産が後から発覚した場合、財産評価基本通達に照らして財産に価値があれば、これも相続税申告に含めないと、下手をすれば「財産を過少に評価した結果、相続税も過少申告した」として、追徴課税の憂き目にあいかねません。

　厄介なのは、アオバさんやハヤテさんが同居しているため、こっそりアサヒさんの有していた財産を隠している可能性がある点です。

　あるいは、アサヒさんの預金を、相続発生前から自分たちの口座に移転していた可能性もあります。また、アオバさんやハヤテさん名義の預金であっても、「実態はアサヒさんのものである」（名義預金）として税務署が判断し、下手をすれば追徴課税も……という危険性もあるのです。

　そのため、生前から「被相続人以外は誰も知らなかった隠れた財産」「こっそり特定の相続人に移している、税務署からは相続財産と見なされかねない財産」「名義預金」の兆候については、十分に注意したいところです。

　不動産については、亡くなった年に都税事務所や各市町村から送付されてきた固定資産税課税明細を集めておけばよいでしょう。不動産については、亡くなった年に所有権移転をしていない限り、通常はこれで十分です。

　その上で、税理士（遺産争いで弁護士に依頼している場合には弁護士にも）に提示すれば、普通は不動産については隠し財産の発生は防げるでしょう。

　また、税理士に依頼する場合は、現時点の土地や建物の登記は、相続人側で準備する必要はないでしょう。税理士側で申告に際して、固定資産税課税明細に基づきインターネット登記情報サービスで取得するからです。税理士側の要望がないかぎり、自ら法務局に行って土地や建物の登記（全部事項証明書といいます）を取得する必要はなく、被相続人の固定資産税課税明細を提示すれば十分でしょう。

15

同居していた相続人が「自宅をもらいたい」と主張してきたら

本当の価値で「公平な配分」かどうかを判断する

　アサヒさんが亡くなり、葬式も終わってひと段落した頃、ツバサさん、コマチさん、アオバさん、ハヤテさんが一同に会して遺産配分の会議となりました。

　さすがにアオバさんやハヤテさんも、相続税の有無の検討のためには開示せざるを得なかったのでしょう。都税事務所からのアサヒさん宛の固定資産税課税明細を見ると、建物の固定資産税評価額はやはり約3,000,000円でした。また、現状では自宅と預金以外に他に財産はなさそうでした。また、葬儀費用等の債務は1,000,000円で、遺言はありませんでした。

　そして、予想どおり、アオバさんとハヤテさんは「預金はツバサさんとコマチさんに差し上げるので、自宅は自分たちがもらいたい。ただし代償金はなし」と提案してきました。

　しかし、これでは不公平にすぎます。

　アオバさんとハヤテさんの提案は、あくまでも「彼らの希望」に過ぎません。そして、遺言がない以上はツバサさんやコマチさんも遺産のうち法定相続分をもらう権利はあります。

　ただ、具体的に「法定相続分がいくらか」を提案しないと、十分な主張ができません。

　ですので、「民法上で採用される、実際のその不動産の市場価値」を把握すべきでしょう。その上で、法定相続割合に基づく「本当に公平な価値」を算出すべきでしょう。

　つまり、相続税評価額や固定資産税評価額は、前述のとおり「税額算定のための便宜的な価値」で「実際の市場での換金価値」を反映しておらず、東京23区内の住宅地であれば通常はかなり割安なのです。

実際の市場価値ではありませんので、これを遺産配分に際して用いることは本来あるべき姿ではなく、「不動産をもらわない側」が損します。そのため、ツバサさんやコマチさんの立場としては、概算でもよいので市場価値を把握すべきです。

　なお、同様のことは、たとえば非上場株式や刀剣・美術品等の骨とう品などの、「換金する際の時価が定まっていない財産」についてもいえます。市場価値と相続税評価額の乖離の程度は一概にいえませんので、必要に応じて税理士や不動産鑑定士、弁護士、美術商等の動産の価値の専門家に相談するのもよいでしょう。

16

不動産の実際の
市場価値を把握する

国土交通省のデータから概算できる

　ツバサさんはアサヒさんの自宅であった家の「相続税評価額ではない、実際の市場価値」を把握することを試みました。

　市場価値の把握で一番確実なのは、不動産鑑定士に鑑定評価を依頼することです。しかし、この程度の戸建住宅の鑑定評価でも30万～40万円程度の報酬負担が生じるでしょう。不動産の価値が裁判沙汰になった場合は、弁護士の判断を経て不動産鑑定士へ鑑定評価を依頼すべきですが、とりあえず話し合いという段階では概算の分析で検討するのも一案でしょう。

　相続税評価額で土地が60,000,000円ですが、建前は相続税評価額は公示価格等の市場価値の8割とされています。しかし、都内の住宅地、それも相続税路線価が「400,000円/㎡」もする、まあまあ地価の高い住宅地であれば、公示価格等は実際の取引事例等に基づく相場より2～3割程度低いこともよくあります。つまり、実際の取引事例等に基づく相場は相続税評価額の1.5倍以上の場合も多いのです。

　ここでお勧めなのは国土交通省の不動産取引価格情報で、個人情報がわからないように加工した上で実際の取引事例の内容をインターネット上で開示しています。

　ツバサさんは国土交通省の不動産取引価格情報でアサヒさんの自宅の属する町の最近2年以内の土地の取引事例を検索し、おおむね「1㎡当たり600,000円」程度とのあたりをつけて、不動産取引価格情報の該当の頁を印刷したものを保管しました。

　ここで注意したいのは、地方の過疎地ではむしろ実際の相場等が相続税評価額を下回るケースもあるという点と、「報酬を得て」他人のために不動産の価値を判定することは不動産鑑定士の独占業務で、無資格者がこれを行っ

たら不動産の鑑定評価に関する法律違反（※）となる点です。

　ですから、ツバサさんはあくまでも「無償」かつ「自分のために概算する」との枠をはずれない範囲での価値の把握となります。

※なお、相続税評価額を税理士もしくは納税者本人が評価する行為は、求める評価額が、「税金計算用の便宜的な価値であり市場価値ではない」点と、財産評価基本通達自体が「機械的に算定できるよう配慮したもので評価する者の裁量の余地が乏しい」ため、不動産の鑑定評価に関する法律違反とはなりません。

あくまでも土地については概算ベースですが把握できたので、法定相続割合でどの程度の財産が取得できるかを検討することになりました。

なお、建物の価値も本来は不動産鑑定士による鑑定評価で把握すべきですが、アサヒさんの家は新築後40年が経過した木造の古家で価値が低いため、とりあえずは固定資産税評価額で便宜的に把握しておきます。

ただし、仮に不動産鑑定士が鑑定評価を行った場合、新築ほやほやの建物であれば固定資産税評価額より高い価格となる一方で、古い建物の場合はむしろ固定資産税評価額より低くなることが多いのです。ツバサさんの立場からすると、建物の価値が高いほうが、もらえる代償金が増えるので有利といえます。

つまり、建物だけについていえば、むしろ固定資産税評価額で代用することは好都合で、もし実際の価値を判断すべきとアオバさんやハヤテさんが言ってきたら、アオバさんとハヤテさんの側で不動産鑑定士による鑑定評価書を用意してくださいと言えばよいだけの話です。

土地…600,000円／㎡×150㎡→90,000,000円程度
建物…便宜的に固定資産税評価額で3,000,000円
預金…20,000,000円から葬儀費用1,000,000円が払われたので19,000,000円
合計…112,000,000円

現時点で把握している相続人は4人で、全員子供もしくは子供扱い（養子のアオバさん、代襲相続人である孫のハヤテさん）ですから、各相続人が相続するのは法定相続割合に則れば1/4ずつです。したがって「112,000,000円÷4→28,000,000円」となります。

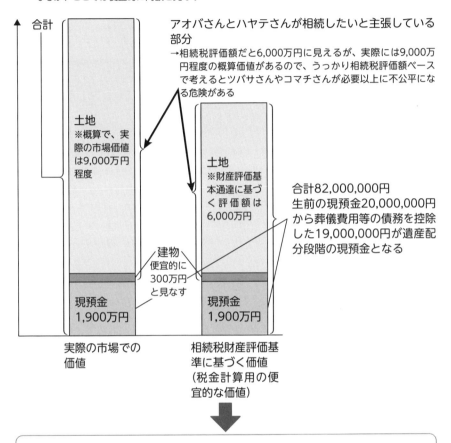

●実際の市場価値と、財産評価基本通達に基づく価値との関係●

※実際には、建物も市場での価値と財産評価基本通達に基づく評価額（固定資産税評価額）は異なるが、ここでは便宜的に同額と見なす

アオバさんとハヤテさんが相続したいと主張している部分
→相続税評価額だと6,000万円に見えるが、実際には9,000万円程度の概算価値があるので、うっかり相続税評価額ベースで考えるとツバサさんやコマチさんが必要以上に不公平になる危険がある

土地
※概算で、実際の市場価値は9,000万円程度

土地
※財産評価基本通達に基づく評価額は6,000万円

合計82,000,000円
生前の現預金20,000,000円から葬儀費用等の債務を控除した19,000,000円が遺産配分段階の現預金となる

建物
便宜的に300万円と見なす

現預金
1,900万円

現預金
1,900万円

実際の市場での価値

相続税財産評価基準に基づく価値（税金計算用の便宜的な価値）

うっかり、財産評価基本通達に基づく評価額で法定相続割合等に基づき遺産配分を考えてしまうと、実際の市場での価値と財産評価基本通達の価値が異なるため、大損してしまうことが考えられる。

遺産配分の場では、相続税評価額を鵜呑みにせず、きちんと市場での価値を把握することが必要である。
特に、実際に裁判となった場合で価値の高い不動産がある場合において、弁護士に薦められた場合は不動産鑑定士に鑑定評価を依頼すべきである。

これを法定相続割合どおりに遺産配分するとなれば、アオバさんやハヤテさんが住宅を相続すると、「90,000,000円＋3,000,000円→93,000,000円」の住宅の価値と、「28,000,000円×2→56,000,000円」の差額の37,000,000円を、ツバサさんやコマチさんに代償金として支払う必要が生じます。

　もちろん、相続人全員の合意があれば、法定相続割合によらず、原則としてその合意内容で配分できます。一方で裁判になった場合でも、不動産鑑定士による鑑定評価額で住宅の公正価値が変更されない限り、おおむね同様の内容の判断が下される可能性が高いでしょう。

遺産争いにおいても、「健康」は重要

　意外と触れられている記事を見かけないのですが、筆者個人の見解では、遺産争いをする相続人は「健康を保つ」ことにも十分に配慮すべきだと思っています。

　せっかく遺産をもらっても、自分が使いたいように使えるような健康状態でないと意味がありません。まして、遺産争いで体調を崩しては元も子もありません。

　遺産争いは、いわば大人の喧嘩であって、弁護士に委任したとしても、諸々の最終判断や資料の準備は依頼者である相続人がしなければなりませんから、負担がかかります。そのため、くれぐれも健康には留意すべきでしょう。

　実際、筆者はある相続の案件において、ご高齢の相続人に「私は、あなたの健康がむしろ心配です」と言ったこともあります。

　また、個人的には女性に比較的多いと感じていますが、争いごとが苦手で「とにかく遺産争いから逃げたい一心で、不利な条件で和解しようとする」人もいます。

　このようなケースでは、心の健康も心配になるところではありますので、最終的には不利な条件で折れないよう周囲が支えると同時に、遺産争い以外の場では、できる限り「明るい気分になる」楽しみを得るべきです。

　遺産争いである程度の財産が入ってくるのであれば、とらぬ狸の皮算用ではありませんが、先行して楽しみにある程度のお金を使って楽しい気持ちになっておいて、交渉では妥協をしないというほうが結果的にはプラスだと思っています。

　そして、経験則ですが、そこを持ちこたえて納得いく条件で和解できた方は、「あのとき、妥協しないでよかった」とおっしゃっています。

　遺産争いに際しては、体と心の健康が大切である点、再認識されてはいかがでしょうか。

現実問題としての遺産配分

相続人全体の意向にも配慮しよう

　アオバさんやハヤテさんは必死なのでしょう。さすがに「代償金はなし」は引っ込めましたが、法定相続割合で按分するにしても、せめて土地・建物の価値は相続税評価額で遺産配分をすべきだと言ってきました。

　しかし、土地の価値を相続税評価額に基づき6,000万円とすれば市場価値の9,000万円から3,000万円も価値が減ります。

　土地の価値を9,000万円で計算すれば、アサヒさんの預金の1,900万円と代償金の3,700万円の合計5,600万円をツバサさんとコマチさんが受領しますから、それぞれ2,800万円を受け取れます。

　しかし、土地の価値を6,000万円と扱えば、アオバさんとハヤテさんは2,200万円（＝6,300万円－8,200万円×1/2）しか払う必要はなくなり、一方でツバサさんやコマチさんは2,050万円（＝(2,200万円＋1,900万円)×1/2）ずつしか受け取れず、大損となります。

　ただし、アオバさんとハヤテさんは2,200万円なら払えるが3,700万円までは資金繰りがつかないようだ……というのもツバサさんは感じていました。

　ところで、相続の局面では、とくに女性に多いのですが、「争いごとが苦手」であるために「とにかく争いから逃げたい一心」で、自分のほうが正当な主張であっても相手方の言うことに折れてしまう人もいます。

　ツバサさんやコマチさんの主張は正当なものですし、むしろ横暴な主張の相続人のわがままを許すことは、社会全体にそのような風潮をもたらすという点からも否定されるべきです。しかし、どこまで主張するかは本人の自由という面もあります。

　ツバサさんの主張はあくまでもツバサさんの考えであり、コマチさんにはコマチさんの意向があります。確かにツバサさんの主張は一理あります。

　しかし、現実的な遺産配分の場では、コマチさんのような争い事を嫌う他の相続人の意向や、相手方（アオバさんとハヤテさん）の支払能力にもある程度は配慮して考えることも必要であるという点は、頭の片隅においておいてもよいでしょう。

　遺産配分の場では「理屈や法律によるとこうである」という目線と、「その家庭ごとに、現実的な妥協が見込める目線」の複眼を持つことも必要でしょう。

19 対応を弁護士に 依頼するかどうかの判断

メリットとデメリットを考慮して決めよう

　ツバサさんは、簡単にですが弁護士に相談もしていました。

　状況としては、アオバさんとハヤテさんは強硬に「法定相続割合で相続するにしても自宅は相続税評価額で評価し、自宅は自分たちが相続し、預金はツバサさんとコマチさんが分配し、代償金は2,200万円」と主張して一歩も引きません。ただ、法律に則ればツバサさん達に理があることは自明です。

　ツバサさんは、相手方があまりにも強硬なので、弁護士を正式に雇って問題解決をしてもらうかとも迷い始めました。

　では、このような場合、本当に弁護士を雇って対応を依頼すべきなのでしょうか。結論からいうと、ケースバスケースでしょう。

　というのも、弁護士が出てきた時点で、相手方が「本気で戦う気だな」と感じ、対話の余地をなくしてしまう可能性もあるからです。とはいえ、感情的になっている場合には、冷静に対話する意味で、弁護士に依頼することを検討してもよいでしょう。

　相手方が狡猾な場合、水面下でとんでもない手を講じている場合もあり得ます。弁護士を立てることで、法的措置によってこれを防ぐというメリットもあります。また、コマチさんのような、「争い事が苦手」な人で、もし資金的余裕があるなら、弁護士に委ねて自身の健康を保つのも一つの手です。

　このあたりの点を総合的に勘案して、「自分たちだけで遺産配分の揉め事に対峙するか」、それとも「弁護士に委ねるか」を決めるべきでしょう。現実問題としては、弁護士に委ねるかどうかという点も含めて、弁護士と相談してみるのがよいでしょう。

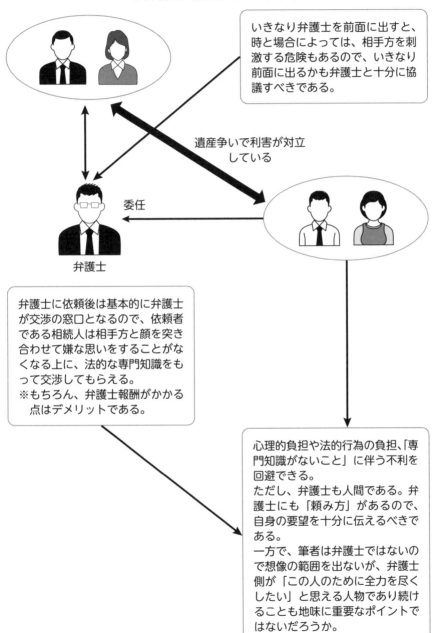

●弁護士に依頼するメリット●

いきなり弁護士を前面に出すと、時と場合によっては、相手方を刺激する危険もあるので、いきなり前面に出るかも弁護士と十分に協議すべきである。

遺産争いで利害が対立している

委任

弁護士

弁護士に依頼後は基本的に弁護士が交渉の窓口となるので、依頼者である相続人は相手方と顔を突き合わせて嫌な思いをすることがなくなる上に、法的な専門知識をもって交渉してもらえる。
※もちろん、弁護士報酬がかかる点はデメリットである。

心理的負担や法的行為の負担、「専門知識がないこと」に伴う不利を回避できる。
ただし、弁護士も人間である。弁護士にも「頼み方」があるので、自身の要望を十分に伝えるべきである。
一方で、筆者は弁護士ではないので想像の範囲を出ないが、弁護士側が「この人のために全力を尽くしたい」と思える人物であり続けることも地味に重要なポイントではないだろうか。

第6章　相続でもめないための税金や手続きの対策

20 調停という話し合いで解決する方法もある

税金面での有利不利も考慮して判断しよう

　ツバサさんやコマチさんと、アオバさんやハヤテさんのように話し合いでもめている場合は、裁判所で調停を申し立てる手もあります。

　調停とは、裁判官や専門知識を有する不動産鑑定士等の中立的な専門家同席のもと、話し合いをする手続きです。裁判所の見解が加わるので、「実際に裁判になったら、たぶんこういう判決になるだろう」という目線をうかがうことができます。

　たとえば、不動産の価値が問題となっている調停の案件で、中立的な調停委員として不動産鑑定士が同席している場合、「仮に不動産鑑定をしたら、このくらの鑑定評価額が出るのではないか」と教えてくれて、その上で裁判官も「こういう条件で和解したらいかがでしょうか」という感じの提案をしてくれます。もちろん、調停成立（和解のようなもの）するとは限りませんが、一定の割合で調停成立するのも事実です。

　場合によっては、弁護士に依頼して、弁護士に調停の対応を委ねることもできます。実際、かなりのケースで調停は弁護士同士で進めることが多いようです。ただし、調停は1～2か月程度に1回開かれ、調停成立までに数回かかるので、時間がかかる点は覚悟したほうがよいでしょう。

　ここで注意したいのは、調停はあくまでも法的紛争の解決の場での話し合いです。その調停成立の内容で相続税が有利になるかといった判断は、通常は考慮されません。

　調停や話し合いで判断する場合は、法的にはそれで調停成立や和解ができたとしても相続税等の税金面で不利になることがありますので、できれば税理士にも相談して「相続税などの観点から不利にならないか」を判断してから意思決定すべきでしょう。

◉調停とは◉

裁判に移行する前の話し合いの場として、調停がある。
調停は、裁判所の裁判官や裁判所により選任された調停委員が「専門的知識に基づくおおまかな状況に関する見解」や「この状況であれば裁判に移行したらこのような判決になりそう」といった意見、およびこれに基づく調停案（和解案のようなもの）の提示をするものである。
裁判官や調停委員は当事者の声を聞くので、当事者の希望も踏まえつつ、現実的な中立案を提示するため、遺産争いの場においても活用されている。

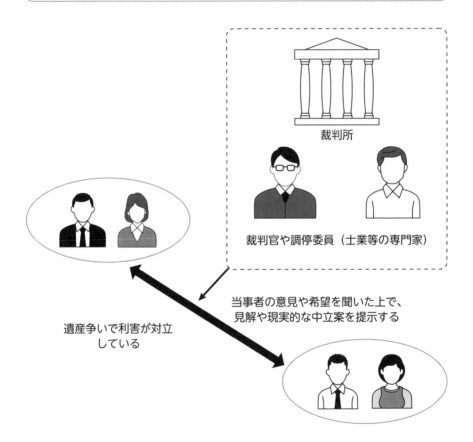

裁判所

裁判官や調停委員（士業等の専門家）

当事者の意見や希望を聞いた上で、
見解や現実的な中立案を提示する

遺産争いで利害が対立
している

なお、調停委員の方にお聞きした話であるが、調停委員の間では当事者の声を「聞く」ことが重要とされているそうである。よって、調停の場では物おじせず、思いのたけを伝えたほうがよいと思われる。

ようやく協議がととのったが……

各相続人間で申告内容が一致していないと調査されることも

　すったもんだの末、どうにかアサヒさんの遺産配分がまとまりました。

　内容は、コマチさんの意向にも配慮して若干の妥協をし、アサヒさんの自宅はアオバさんとハヤテさんが相続し、ツバサさんとコマチさんに代償金2,500万円を払うこととなりました。

　結果、元からあった現預金から葬儀費用等の債務を差し引いた1,900万円と合わせて4,400万円ですから、ツバサさんとコマチさんは2,200万円ずつもらう計算です。もちろん遺産分割協議書に全員が署名押印しました。

　なお、代償金をもらったとしても、それは「遺産配分の精算」ですので、相続税がかからないか適切に払っている場合であれば、代償金について贈与税や所得税等はかかりません。ただし、税務署からの万が一のお尋ねに備えて、代償金である旨の記録は遺産分割協議書ともども厳重に保管し、スキャンデータでも保存しておくべきでしょう。

　一方で、特定居住用宅地等につき、小規模宅地等の特例を適用した結果として、相続税が０円である旨の相続税申告書を提出しないといけません。

　しかし、アオバさんやハヤテさんは不満だったのか、ツバサさんやコマチさんとは関係がギクシャクしています。「ツバサさんの依頼した税理士に報酬を払わず、自分で申告書を作成する」と言いはじめました。どうやら税理士報酬も惜しいくらい、資金繰りに窮しているようです。

　もちろん、ツバサさんは税理士に依頼して申告をします。ここで注意したいのは、「相続人間の仲が悪く、別々に申告をした場合、財産や配分の内容が一致していないと、税務署からお尋ねがくる」こともあるという点です。

　つまり、同じ相続案件なのに相続人によって申告内容が一致しないと、税務署としては「では、どっちが正しいの?」となるからです。

●相続人が別々に申告すると●

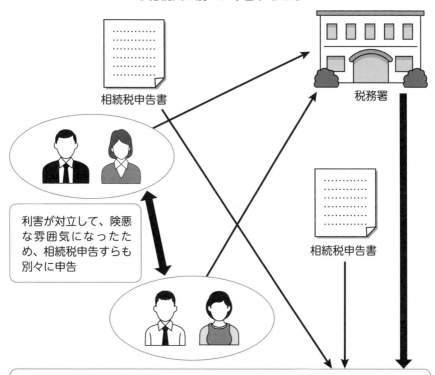

相続税申告書

税務署

相続税申告書

利害が対立して、険悪な雰囲気になったため、相続税申告すらも別々に申告

両者の相続税申告書の内容が一致していないと、税務署としては「同じ人が亡くなったのに違う財産内容や遺産配分内容」での相続税申告書の受領が基本的にはできない（差異があったとしてもいずれにせよ結果的に０円である場合などの例外はあり）

多額の相続税がかかる場合等、時と場合によっては税務署が調査に訪れ、詳細な調査の結果、新たな事実が判明したり判断が微妙な部分につき指摘される等の理由で余計な税負担が追加されるケースも考えられる

申告内容が別であることに何のメリットもないので、そもそも全相続人で統一した相続税申告書を出すのが一番であるが、それができなかったとしても双方の相続税申告書の間に整合性を確保すべきである

たまたまこの場合は、特定居住用宅地等につき、小規模宅地等の特例を適用したことで基礎控除額を十分に下回るため、多少の不一致はありましたが、結果的に税務署からのお尋ねはきませんでした。

　しかし、相続税が発生する案件であれば、複数の相続人の申告書の間で内容の不一致がある場合は税務署に調査され、下手をすれば追徴課税ということになりかねませんので、十分に注意すべきでしょう。

相続人本人の相続税申告は可能か

　税務署への申告は、原則として本人（成年後見人を含む）もしくはその代理人としての税理士によるとされています。相続税の申告も「相続人本人」が行うことは法律的可能ですが、実際のところ、できるものなのでしょうか。

　税理士は、実務上は税理士用の相続税申告ソフトを持っていて、これに基づき相続税の申告をしています。しかし、一般の方にはこのようなソフトはありません。相続人本人が申告するとしたら、手計算の上で相続税申告書に記入することとなります。

　しかし、税理士でも理解するのに経験や時間が必要な複雑極まりない相続税法や相続税財産評価基準の規定を理解して、正しい申告書を作成できるのでしょうか。

　しかも、税務署側にたつと、通常はプロの税理士が申告している相続税申告書に一つだけ手書きの一般の方が作成した申告書があると、「間違っている可能性が高い」感じますので厳しくチェックします。何か間違いがあれば、税金の払い過ぎもしくは追徴課税という危険性もありますし、その間違いが生じている可能性も高いでしょう。

　相続税申告の税理士報酬をけちるより、払い過ぎリスクや追徴課税のリスクを避けたほうが得策だと、個人的には思います。むしろ、相続発生前から税理士を見つけておいて、節税策や相続前に避けたほうが得策なポイントを聞いておいたほうが、相続税申告の報酬よりもはるかに得な場合も多いのではないでしょうか。

　ちなみに、「税務署に相談したが、税務署員に『相続税申告は一般の方が対処できる代物ではないので、悪いことは言わないから税理士に依頼してくださいね』」と言われたので、筆者を見つけてお声がけされたというご依頼者もいらしたほどです。

　やはり、複雑な相続税の申告は税理士に依頼したほうが無難でしょう。

22 税理士の疑問からまさかの事態に

あとから隠し子の存在が発覚すると影響が大きい

　ツバサさんはトミタ税理士に相続税申告を依頼し、必要資料を渡していましたが、こんな質問がありました。

「このアズサさんって人は、何って言っているの?」

　ツバサさんとしては「?」です。トミタ税理士は言葉を続けました。

「だって、この戸籍謄本を見ると、アサヒさんにはアズサさんって子供がいるって……」

　確かに、戸籍謄本に知らない子供の記載が……。そうです。アサヒさんには実は隠し子がいて、認知していたのです。ということは、アズサさんも法定相続人となり、遺産配分についてもアズサさんも交えて協議しないといけません。

　ただただ絶句するばかりでしたが、何とかしないといけません。

　仮にツバサさんやコマチさんがOKしたとしても、アズサさんの意向しだいでは、遺産配分の内容が変わり、アサヒさんの自宅に「特定居住用宅地等についての小規模宅地等の特例」が適用できない可能性もあります。そうなれば、遺産分割で新たにもめる危険性もある上に遺産配分の内容が変われば相続税の申告にも影響する危険性もあります。

　とりあえずアズサさんの住所を調べ、トミタ税理士と一緒に、急遽、アズサさんの住む長野県で会うことにしました。

　アズサさんも父親が亡くなったことをツバサさんからの連絡で初めて知ったようで驚いていましたが、幸い遺産を放棄してくれるとの話であり、アズサさんとの間でもめることは回避できました。

　ただ、このような隠し子がいると、それまでまとまりかけていた遺産分割

●隠し子がいることがわかったら●

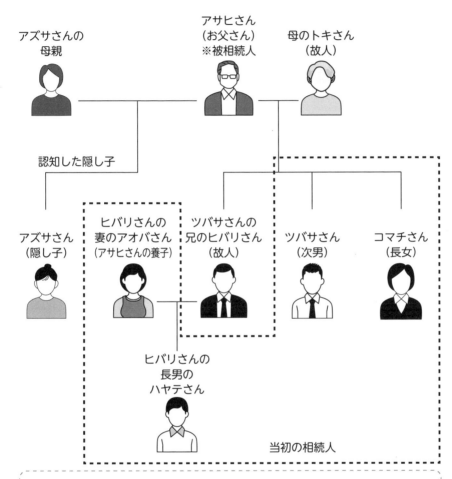

アサヒさん
（お父さん）
※被相続人

アズサさんの
母親

母のトキさん
（故人）

認知した隠し子

アズサさん
（隠し子）

ヒバリさんの
妻のアオバさん
（アサヒさんの養子）

ツバサさんの
兄のヒバリさん
（故人）

ツバサさん
（次男）

コマチさん
（長女）

ヒバリさんの
長男の
ハヤテさん

当初の相続人

隠し子でない相続人同士の遺産分割協議がまとまりかけても、隠し子の出現ですべてがひっくり返される危険もある。下手をすれば特定居住用宅地等についての小規模宅地等の特例も適用できなくなることもあり得る。

不自然な資金の動きや、母親以外の女性の影がしたら、戸籍謄本の入手等をして状況を把握する。
その上で、万一、隠し子が判明したら、しかるべき対応をすることが重要である。

協議が水泡に帰しかねませんし、隠し子の出現により特定居住用宅地等についての小規模宅地等の特例の適用ができず、相続人全体に相続税が発生したり、増える危険性もあります。

　もし親御さんに不自然な資金の流れがあったり、母親以外の女性の影がしたら、念のため、戸籍謄本などから子供の有無をチェックしたほうがよいでしょう。

隠し子が発覚したケースでの話し合い

　ここで、隠し子が発覚した時の話をしたいと思います。

　あくまでも筆者の意見ですが、士業等の専門家や、相続人が直接対峙するとしても比較的社会的地位が高い相続人が隠し子とファーストコンタクトをとったほうがよいと思います。できれば、相続人自らが対峙するとしても士業の専門家が同行することが望ましいでしょう。専門的知識から客観的に説明できますし、士業の専門家は相続人ではない第三者のため、いるだけで隠し子側もある程度、冷静に聞く耳を持ってくれる可能性が高いからです。

　ただし、弁護士以外の士業が、相続人がいない状態で対峙すると、紛争性のある法律事務の代理を担当することになり、下手をすれば弁護士法72条の非弁行為、すなわち弁護士以外の者が弁護士の行為をしてはならないという規定に抵触するおそれがあります。

　そのため、もし税理士のみが同行するという場合は、必ず相続人も同席する形態で、あくまでも「税理士としての立場から、財産の内容および相続税の説明をする」という形態での話し合いとする必要があるでしょう。

　このような細かい注意点はありますが、隠し子が発覚した場合は隠し子側も戸惑っていますので、つとめて真摯に対応するほうが得策だと思います。

　筆者はあくまでも不動産鑑定士兼税理士（公認会計士）で弁護士ではありませんので、業務として直接的に隠し子の方と対峙はしたことがないのですが、2回ほど隠し子の相続の話を耳にしたことがあります。いずれの場合も、隠し子側と真摯に対話した結果、遺産はいらないと言ってくれたとのことでした。このとき、変に高圧的に出たり、傲慢な態度で対峙したら、相手方も反発するでしょう。

　考えてみてください。隠し子は極めて気の毒な存在なのです。そこを刺激してもロクなことはありません。隠し子側が反発してきた場合は仕方がありませんが、そうでない限りは、境遇にも配慮して真摯に対応をしたほうがよいと思います。

23

相続放棄と遺産放棄はちがう

相続放棄をしないと債務の弁済義務が生じる可能性も

ここで、アズサさんの立場になって考えてみましょう。

実は、遺産を放棄するのと、相続放棄は厳密にいえば意味が違うのです。

相続放棄とは、家庭裁判所に申し立てて、一切の相続人たる地位を放棄することです。一方、遺産放棄とは、単に遺産分割協議の結果、遺産をもらわないだけで、相続人の一人ではあり続けます。

何が違うのかというと、最も重要なポイントは、債務がある場合です。

仮に被相続人が借金まみれで財産よりも借金が多い状態で亡くなった場合、相続人としては自分のせいではない借金まで被せられてはたまりませんから、その相続で財産・債務のすべてを放棄することで債務の負担がかからないよう、民法は配慮しています。

相続があったことを知った日（通常は相続発生時ですが、アズサさんのように後から知った場合は、知った日）から3か月以内に、被相続人の最後の住所地の家庭裁判所へ申し立てることで、相続人たる地位の一切を放棄できます（相続放棄）。遺産放棄は単に遺産分割で財産を受け取らないというだけの話です。

極論ですが、あとから被相続人に多額の債務があることが判明した場合、相続人全体で債務の弁済を分担しないといけなくなったら、相続放棄をせず遺産を受け取らなかっただけの人にも弁済義務が生じる可能性があります。

そのため、もしアズサさんが財産を欲しくないのであれば、手続きに若干の支出は必要ですが、相続放棄をしたほうが安全といえます。

ということで、アズサさんは相続放棄をしてくれることとなりました。

なお、相続放棄をしたとしても、相続税の基礎控除の計算上においては法定相続人の数に含めて計算します。この場合は、法定相続人がアズサさんを

含め5人になったので、「3,000万円＋600万円×5→6,000万円」となります。

　ただ、アサヒさんの相続では、特定居住用宅地等についての小規模宅地等の特例の適用によって、アズサさんの存在が発覚する前から基礎控除の枠内でしたので、結果は同じ（相続税は0円）です。

24

代償金を払わないと言ってきた……

強硬手段である仮差押もやむを得ない場合

　アズサさんの問題が何とか解決してほっとしたのもつかの間、ツバサさんは合意に基づき、アオバさんやハヤテさんに代償金を払うよう言いました。

　ところが、両名はこんなことを言ってきました。「遺産分割協議書に、『いつ』払うかなんて書いていないから、払う時期はこちらの自由だ」。そんなことを受け入れたら、30年後に払うなどと言って、支払いから逃げ切ろうとするのが目に見えています。

　どうやらアオバさんとハヤテさんは、相当に見栄を張る性格であったらしく、外見上は裕福を装っていましたが、その実、相当に資金繰りが苦しかったようです。だからこそ、このような行動に走ったのでしょう。

　ツバサさんは、変に事を荒立てるのを避けたかったのですが、ついに怒りが爆発したようです。弁護士に相談をしたところ、「遅滞なく払うように催告して、払わないなら仮差押をしてしまいましょう」ということになりました。

　実は、アオバさんやハヤテさんの立場からすると、もし資金繰りが厳しいのであれば、逆に「１年以内に○○円、次の１年以内に○○円を払う」と、期限を区切って払う形態の遺産分割協議書にすべきだったのです。

　ツバサさんは弁護士に委任することにし、弁護士は裁判所に仮差押の申し立てをして、仮差押の登記がされました。

　考えてみてください。

　自宅がある日突然、仮差押をされたら、自宅を召し上げられる恐怖があり、想像するだけでもぞっとします。しかも、登記簿には、仮差押をしてきた憎い人の名前が登記されてしまい、これは消すことができません。

　さすがに、この期に及んで抵抗しきれないと判断したのか、アオバさんやハヤテさんは渋々、いつまでに払うと申し出てきました。申し立て費用や弁護士報酬が生じた不利はありましたが、正直なところ、強硬手段にでなければうやむやにされて代償金を回収できなかった可能性が高かったでしょう。

　アオバさんやハヤテさんは、とりあえず借入で代償金の資金を捻出しようとしましたが、とうとう相続した自宅を売ることも検討し始めたようです。

25 自宅を売却するときのポイント

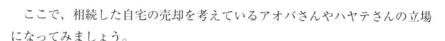

取得費はできる限り実際の額を把握しよう

　ここで、相続した自宅の売却を考えているアオバさんやハヤテさんの立場になってみましょう。

　アサヒさんの相続税の申告期限（相続発生から10か月）前に自宅を売却してしまうと、特定居住用宅地等についての小規模宅地等の特例が適用できなくなる点がポイントです。このあたりにも注意しながら資金計画等を考える必要があるでしょう。

　売却の際、準備したいのは、元々自宅は40年前にアサヒさんが不動産業者から購入したものですので、取得当時の取得費を把握するための資料です。

　ただ、40年以上も前の話です。取得費の資料が残っていません。しかし、普通に考えて取得費概算５％（146ページ）よりは、実際の取得費は高額なはずです。ですので、翌年３月の取得費推計による譲渡所得の計算の余地も踏まえつつ、所得税等の確定申告の準備をしておくべきでしょう。ただし、実際に取得費推計によるかは、否認リスクもありますので、税理士と要相談です。

　また、自宅売却を手伝ってくれる不動産業者を探す必要もあります。昔から知り合いの不動産業者がいればよいのですが、いない場合は、税理士選びの場合と同様に、できれば大学や職場のツテを頼って、「昔からの知り合いの紹介」で探すべきでしょう。

　ちなみに、織り込みチラシの不動産業者はお勧めしません。チラシを折り込むような不動産業者は利益獲得が最優先で、本当にお客さんのための仲介をするかが怪しい場合があるからです。

　また、大手の不動産業者が良いような印象を持ちがちですが、若手で知識不足の担当者があてがわれたり、配置換えがあったりして、地場の情報に疎い場合がある点は注意すべきでしょう。

●売却の際の取得費のポイント●

40年前の昭和58年に取得した自宅…昭和50年代であるため、おそらくは実際の取得費は取得費概算5％より高い

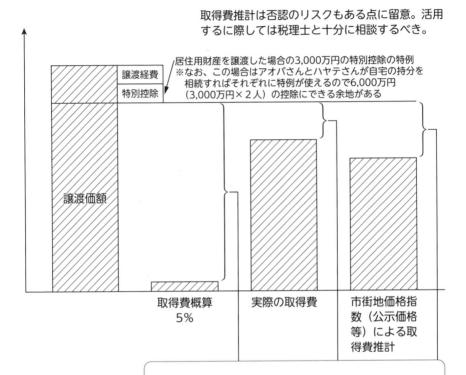

取得費推計は否認のリスクもある点に留意。活用するに際しては税理士と十分に相談するべき。

居住用財産を譲渡した場合の3,000万円の特別控除の特例
※なお、この場合はアオバさんとハヤテさんが自宅の持分を相続すればそれぞれに特例が使えるので6,000万円（3,000万円×2人）の控除にできる余地がある

譲渡経費
特別控除

譲渡価額

取得費概算
5％

実際の取得費

市街地価格指数（公示価格等）による取得費推計

この部分に税率を乗じた額が所得税等として出て行く

取得費概算5％で計算すると大損であることが上の図からもわかるとおりで、できる限り、否認リスクがない実際の取得費の資料を探し出して申告すべきである。なお、金額が巨額であるので、一般の方が下手なミス（たとえば、特例を失念する等）をしたら大問題となるため、多少の報酬はかかるが確定申告に際しては税理士に依頼すべきと思われる。

※なお、土地に関して相続で取得し相続税を払っている場合は、その相続税のうち土地に帰属する部分は取得費に含めることができる。このような場合は税理士にその旨を提示すべきである。

筆者の個人的な意見としては、知り合いの不動産業者がいない場合なら、紹介ベースで知り合った地場の不動産業者が最もよいと考えています。

　なお、アオバさんやハヤテさんの場合は、売り急がざるを得ないという不利な要素があります。そのため、場合によっては、やや買いたたかれて、たとえば相続税評価額程度の売却価格になっても仕方がないので、不動産業者に直接買い取ってもらうというのも視野に入れるべきでしょう。

相続放棄の手続きについて

　以前に相談を受けた話。

　ある冬に、その方と鍋をつつきながら対話していたのですけれど、聞けば、そう遠くはない時期に亡くなりそうな親御さんが債務を抱えていて、財産より債務のほうが多い状態なのだが、どうしたものかという話でした。

　実は、その方は相続放棄をためらう気の毒な事情があったのですが、それでも筆者は躊躇なく相続放棄を進めました。「悪いことは言わない。絶対に相続放棄を」と述べ、さらに「多少報酬がかかっても弁護士にサポートしてもらってください」と付け加えました。

　ここでのポイントは「弁護士のサポート」です。

　相続放棄は家庭裁判所へ申し立てることでなされますが、何らかの手続きのエラーがあって相続放棄が認められなかったら、とんでもない額の債務がその方に課されかねず、その方自身の人生まで破綻させかねません。

　しかも、その方はお子さんもいらっしゃったので、お子さんの教育にも支障をきたしかねません。それならば、多少の弁護士報酬の出費はあっても、弁護士にサポートを委ねて確実に相続放棄の手続きをできるよう対処したほうが安全と判断したからです。

　あくまでも個人的な意見ですが、相続放棄の際は、手続きの不備やその他の判断ミス等で大変なことにならないよう、弁護士にサポートを依頼するほうが安全だと思います。

26 さまざまな課税の 特例の要件に気をつける

特例が適用できるか税理士に相談しよう

　結局、自宅を売ることになりました。

　アオバさんやハヤテさんが自宅を売る場合、被相続人であるアサヒさんが40年も住んでいた自宅ですので、所得税等に関するマイホーム軽減税率の特例の適用と、居住用財産を譲渡した際の3,000万円控除の特例の適用が可能です。

　ここで、アオバさんやハヤテさんの立場から絶対にしてはいけないのは、これらの適用要件を崩してしまうことです。もちろん、相続税の特定居住用宅地等についての小規模宅地等の特例を崩すのもまずいでしょう。

　居住用財産を譲渡した際の3,000万円控除の特例については、たとえば譲渡契約が決まる前に、建物を解体して貸駐車場にしたりすると、その時点で特例の適用要件が崩れてしまいます。あるいは、住まなくなった日から3年を経過する日の年末までに売却しないと、やはり特例の適用対象からはずれてしまいます。

　アオバさんやハヤテさんの場合は売り急いでいるので、貸駐車場にしたり住まなくなって3年も経過してから売却などという悠長なことにはならないでしょうが、この件に限らずマイホームを売却したり、その他の特別控除の適用ができそうな場合は、「特例の適用要件を崩す行為」をしないよう、十分に留意すべきでしょう。

　特別控除の特例が適用できそうな不動産について、本当に適用になるのかや、不動産に何かしようとする場合は特別控除の適用要件を崩さないかの判断を、できれば税理士に相談したほうがよいでしょう。

　付け加えると、アサヒさんの遺した自宅は、仮に取得費概算5％で確定申告をする前提で売却すると所得税等が発生します。アオバさんやハヤテさん

は資金繰りが厳しいので売却を検討しているのですから、新居に買い替える場合、まだ資金繰りが厳しいことも考えられます。

　本来は3,000万円の特別控除やマイホーム軽減税率が使えるので非常にもったいない面はあるのですが、資金繰りがどうしてもつかない場合は、これらの特例の適用をあきらめ、代わりに居住用財産の買替え特例の適用も視野に入れたほうがよいかもしれません。このあたりは、税理士や場合によってはファイナンシャル・プランナーとも相談の上で判断すべきでしょう。なお、この場合もやはり特例の適用要件を崩してはならない点は同様です。

◉特例の適用要件に注意◉

> 土地を売却する際の注意点

> 特例の適用要件を（知らない間に）崩さないこと

> 相続税の特定居住用宅地等についての小規模宅地等の場合の適用要件の「相続税の申告期限まで有していること」を崩して申告期限前に売却するなど

> マイホーム軽減税率の特例や居住用財産の3,000万円特別控除の特例の適用要件を崩す「建物を解体して駐車場に供する」など

> 特例の適用が考えられる不動産について何か行為をする場合は、税理士に必ず相談し、「知らない間に特例の適用要件を崩して税金を損する」ことがないように注意すべきである

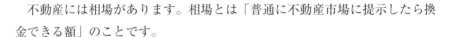
　不動産には相場があります。相場とは「普通に不動産市場に提示したら換金できる額」のことです。

　ただ、売り急ぐとどうしても足元を見られます。つまり、買いたたかれます。ですので、まずは大前提として、「売急ぎ」にならないことが重要ですが、そうせざるを得ない場合でも「売急ぎの制約を弱める」ことが求められます。

　アオバさんやハヤテさんの立場からすると、仮差押を解除してもらう際のツバサさんらとの交渉に際して、できる限り支払いの猶予をもらうことが望ましいでしょう。猶予が伸びれば、売り急ぐ必要性が小さくなり、売却条件が有利になるからです。

　その上で、アオバさんやハヤテさんも適正な価値（ツバサさんが9,000万円程度と概算しました）を、ツバサさんが取得した不動産取引価格情報等をもらって把握すべきでしょう。

　最もまずいのは、不動産業者任せにして、自分は「わからないから」と逃げることです。最終判断はあくまでも所有者なのですから、少しでも高く売りたいのであれば、不動産の価格に関する知識をできる範囲で仕入れることです。

　ちなみに、わざわざ不動産鑑定士に鑑定評価を依頼して鑑定評価書を提示したところで、鑑定評価額で契約しなければならないという決まりはありません。

　不動産鑑定士の鑑定評価書は、たとえば1億円以上の高額の不動産の売買をする際に、適正な価格よりも高く買ったり低く売ったりという判断に活用する（不利な価格だったらやめる）ためでしたら意義があります。しかし、鑑定評価報酬が生じてしまいますので、お財布事情と相談にはなりますが。

　もっとも、不動産鑑定士に鑑定評価を依頼することで、不動産鑑定士は専

門家としての詳細な分析をしていますので有益なアドバイスはもらえると思います。

　不動産業者は、とにかく仲介して話をまとめたいという意識が働きますので、場合によっては不利な条件でも勧めてくるリスクもあります。もし報酬を払ってでも必要があるのなら、鑑定評価の依頼や、不動産鑑定士への相談を検討して買い叩き（あるいは高値買い）を防ぐためのアドバイスをもらうことを検討してみてもよいでしょう。

◉適正な価格で売却するために◉

| 買い手 | ⟷ | 売り手 |

実際の取引事例等に基づく相場の公正価値がいくらであっても、買い手と売り手の合意があれば、公正価値と乖離した価格で売買するのは自由

不動産鑑定士の鑑定評価額（＝公正価値）で売買する義務はない

資金繰りの問題で換金の緊急性が高い場合は、どうしても売り急ぎになり、買いたたかれる

緊急の換金の必要性が高い場合であっても、少しでも売り急ぎの緊急性を弱めるべく、期限の猶予をとり、支払額を分割する等、売り急ぎ要素を緩和すべきである
※この点は、相続以外の局面でもいえる

高額の不動産の売買であれば、公正価値との比較で交渉材料の一つにしたり、あるいは売買をやめる決断の判断材料にしたり等として活用できるため、不動産鑑定士の鑑定評価書を取得することに意義はある
ただし、鑑定評価報酬が数十万円かかるので、このあたりのバランスを考えて鑑定評価を依頼すべきかを判断すべきである

28 自宅の売却に至った原因

他の相続人と対立しないよう配慮していれば……

アオバさんやハヤテさんは、最終的には自宅売却にまで追い詰められましたが、では、何がまずかったのかを振り返ってみましょう。

結局、見栄をはったり、長男は特別扱いすべきだという考え方。これを筆者は長男至上主義といっていますが、この長男至上主義を振りかざしたり、傲慢な態度に出たことが敗因だと思います。

アサヒさんが亡くなる前から、ツバサさんやコマチさんに資金繰りが厳しいことや自宅を守りたいことを誠実に相談していれば、対立関係になる前なら相談に乗ってもらえる余地があったかもしれません。何より、アサヒさんがその点にも配慮した公正証書遺言を書いてくれる余地だってあったのです。それでも遺留分の問題は生じたかもしれませんが、自宅売却までの大怪我はしなかったと思います。

しかし、アオバさんやハヤテさんは、プライドが高かったせいか、対外的には裕福そうに見せたかったのでしょう。それを切り出せずに、結局は致命傷を負ってしまった……というのが実情です。

アサヒさんの介護を真摯に行い、それをツバサさんやコマチさんにも、資金使い方その他の対応をオープンにしておけばよかったかもしれません。

情報が開示されないと、どうしても疑心暗疑になってしまいます。「裏で何かしているのではないか」と勘繰られ、それが積もり積もってトラブルになることも考えられるのです。

さらに、ハヤテさんは長男の長男だから特別扱いされるべきだと誤解していた点も失敗でしょう。現行の民法では子供は平等に扱いますので、勝手に長男だから優遇されると思い込むのは愚の骨頂です。

　ちなみに、筆者がこの手の話に出くわしたときは、「それがまかり通るならイの一番に私が長男である旨を主張していますよ」と返すことにしています。

◉相続でもめないための対応とは◉

アサヒさん
所有の自宅

同居していない子
〔ツバサさんやコマチさん〕

この家を欲しい養子や孫
（アオバさんやハヤテさん）

見栄を張って、贅沢な暮らしをしていたら、他の相続人だって、反発を覚える。また、長男を鼻にかけて「多くもらって当然だ」等と高圧的に出たら、やはり他の相続人は反発を覚える。

結果、アオバさんやハヤテさんにとっては最悪な事になってしまった

見栄をはらず、長男を鼻にかけず「資金繰りが厳しいので配慮していただけませんか」と相談すればよかった。
また、アサヒさんの生前に、介護をできる限り親身に行い、それをツバサさんやコマチさんにも見えるようにすればよかった。
そうすれば、ツバサさんやコマチさんはアサヒさんの自宅に住んでいたわけではないので、「ここまでやってくれたんだから」となり、厳しい対応はしなかったと思われる。
※何より、アサヒさんがアオバさんやハヤテさんに配慮した公正証書遺言を書いてくれる可能性だってあったわけですから。

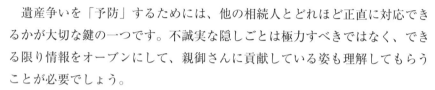

見栄を張らず、誠実に対応しよう

　遺産争いを「予防」するためには、他の相続人とどれほど正直に対応できるかが大切な鍵の一つです。不誠実な隠しごとは極力すべきではなく、できる限り情報をオープンにして、親御さんに貢献している姿も理解してもらうことが必要でしょう。

　それ以外にも、「相続人がある相続人にまったく財産をあげる気がなく、別の相続人もその意思を尊重して全財産を取得するつもりなのに遺留分の問題が生じる」といった紛争発生の要素もありますが、少なくとも誠実に対応することで、紛争発生の可能性は低くなるでしょう。

　とくに注意したいのは、「見栄」でトラブルを巻き起こす危険です。

　相続で高級な住宅を欲しがったり、相続に限らず高級タワーマンションに住みたがったりなど、「見栄」で不相応な贅沢をしたがるのは、危険な兆候だと思っています。

　「見栄」が周囲を不幸に巻き込むことを忘れてはならないでしょう。

　そして相続においては、「見栄」を張る方がいる場合は、くれぐれも要注意だと思っています。

　見栄や長男至上主義、自分だけが「隠れて」得しようという動機は、遺産争いの原因の大半といっても過言ではないでしょう。

◉もめない相続のために大切なこと◉

相続の場において、
・見栄
・長男至上主義
・相続発生前の情報の隠蔽
　（もちろん、使い込みもＮＧ）
は大敵である。

相続の場では、
・くれぐれも見栄をはったり
・長男至上主義をふりかざしたり
・情報の隠蔽や使い込みをしないことが肝要である

また、相続発生前に他の推定相続人に隠れて自分だけが利を得ようと小細工をするのも厳禁である。
利が欲しいのであれば真摯に相談を求めるべきである。

冨田　建（とみた　けん）

慶應義塾中等部・高校・大学卒業。大学在学中に当時の不動産鑑定士２次試験合格、卒業後に当時の公認会計士２次試験合格。大手監査法人・不動産鑑定業者を経て独立。全国43都道府県で不動産鑑定業務を経験する傍ら、相続税関連や固定資産税還付請求等の不動産関連の税務業務、雑誌やネット記事の寄稿や講演等を行う。令和５年１月現在、国土交通省地価公示鑑定評価員、東京国税局管内のある地域の相続税路線価鑑定評価員及び同精通者を拝命する等、公的な鑑定評価やその他の公的な職務も拝命する一方で、公認会計士協会世田谷会の幹事を務める他、公認会計士協会東京会の税務委員会に所属し研究報告書の作成にも参画。令和３年秋よりYahoo!個人オーサーとして専門家としての記事を寄稿しており、個人オーサーとしてコメントもしている。令和４年１月に毎月の個人オーサーの記事の中でも優れた記事を表彰する月間MVAを受賞。

著書に『ビジネス図解 不動産評価のしくみがわかる本』（同文館出版）、『こんなときどうする会社の税務Q&A』（共著、第一法規出版）などがある。

図解でわかる 土地・建物の税金と評価

2023年４月１日　初版発行

著　者　冨田　建　©K.Tomita 2023

発行者　杉本淳一

発行所　株式会社日本実業出版社　東京都新宿区市谷本村町3-29 〒162-0845

編集部　☎03-3268-5651
営業部　☎03-3268-5161　　振　替　00170-1-25349
https://www.njg.co.jp/

印刷／理想社　　製　本／若林製本

本書のコピー等による無断転載・複製は、著作権法上の例外を除き、禁じられています。内容についてのお問合せは、ホームページ（https://www.njg.co.jp/contact/）もしくは書面にてお願い致します。落丁・乱丁本は、送料小社負担にて、お取り替え致します。

ISBN 978-4-534-06003-7　Printed in JAPAN

右記の価格は消費税（10％）を含む金額です。

日本実業出版社の本

やさしくわかる「税金」「税務」

好評既刊！

きたみ りゅうじ＝著
定価 1540円（税込）

小池 正明＝著
定価 2200円（税込）

西中間 浩＝著
定価 1980円（税込）

木山 泰嗣＝著
定価 1925円（税込）

定価変更の場合はご了承ください。